FACULTÉ DE DROIT DE PARIS

DE L'ACTION

EN PAIEMENT DE COMPTE

DE MITOYENNETÉ

ET DE LA

DÉMOLITION ET RECONSTRUCTION

DU MUR MITOYEN

THÈSE POUR LE DOCTORAT

PAR

Joseph JUILLIARD

PARIS

LIBRAIRIE NOUVELLE DE DROIT ET DE JURISPRUDENCE

ARTHUR ROUSSEAU

ÉDITEUR

14, rue Soufflot, et rue Toullier, 13

1896

THÈSE

POUR LE

DOCTORAT

DE L'ACTION

EN PAIEMENT DE COMPTE

DE MITOYENNETÉ

ET DE LA

DÉMOLITION ET RECONSTRUCTION

DU MUR MITOYEN

THÈSE POUR LE DOCTORAT

L'ACTE PUBLIC SUR LES MATIÈRES CI-APRÈS

Sera soutenu le Mardi 19 Mai 1896, à 1 heure

PAR

Joseph JUILLIARD

Président : M. BOISTEL

Suffragants : { MM. Léon MICHEL, PLANIOL, } *professeurs.*

PARIS

LIBRAIRIE NOUVELLE DE DROIT ET DE JURISPRUDENCE

ARTHUR ROUSSEAU

ÉDITEUR

14, rue Soufflot, et rue Toullier, 13

1896

DE L'ACTION
EN PAIEMENT DE COMPTE DE MITOYENNETÉ
ET DE LA
DÉMOLITION ET RECONSTRUCTION
DU MUR MITOYEN

AVANT-PROPOS

—

1. Il n'est pas besoin d'être un profond observateur pour remarquer combien varient, suivant les mœurs du temps et du pays, les questions de droit à l'ordre du jour. Pour n'en citer qu'un exemple célèbre, les valeurs mobilières, à peine nées d'hier, et dont l'importance est devenue subitement si considérable, ont donné naissance, à notre époque, à une foule de difficultés juridiques que n'avaient même pas soupçonnées ni les jurisconsultes romains, ni les auteurs de notre Ancien Droit.

2. Dans une sphère plus restreinte, la matière de la mitoyenneté offre une autre application des plus intéressantes de la même idée.

Depuis quelque quarante ans en effet, la fièvre de

spéculation qui a sévi sur cette nouvelle source de la fortune dont nous venons de parler, sur les valeurs mobilières, a fini par gagner les immeubles à leur tour. C'était le moment où commençait à se produire, dans des proportions inquiétantes, l'immigration des campagnes dans les villes. D'habiles entrepreneurs, des financiers toujours en quête de faire fructifier les capitaux, n'ont pas tardé à constater le phénomène, et, de suite, ils ont vu l'énorme profit pécuniaire qu'ils en pouvaient tirer.

Ils se sont mis à construire, à édifier des maisons de rapport pour les nouveaux arrivants.

C'était une affaire que faisaient ces spéculateurs. Ils ont donc voulu bâtir vite, et à bon marché. Et c'est pour cette raison que, lorsqu'ils ont trouvé, sur l'extrême limite de la propriété voisine, au bord de la leur propre, un mur solide et bien fait, capable de supporter leurs constructions, ils se sont empressés, par application de l'art. 661 du Code civil, de l'utiliser, pour y appuyer ces constructions. Mais, le plus souvent, ils l'ont fait en oubliant de satisfaire à la condition qu'impose cet article, ils n'ont point remboursé au maître du mur la valeur de la mitoyenneté. Et de là sont venus de nombreux procès en paiement de compte de mitoyenneté. — Il est même arrivé fréquemment que, pressés qu'ils étaient de réaliser leurs bénéfices, ils ont revendu leurs bâtisses avant d'avoir payé cette mitoyenneté, et la question s'est alors posée de savoir si l'ancien propriétaire exclusif du mur n'avait pas un recours, non seulement contre le possesseur originaire, mais encore contre le tiers détenteur actuel. Question toute nouvelle, ignorée de nos auteurs coutumiers, à peine entrevue même par les premiers commentateurs du Code civil.

D'autres fois, il s'est trouvé que le mur sur lequel les constructeurs comptaient adosser leurs bâtiments, était trop faible pour résister à la lourde charge qu'ils voulaient lui imposer, car c'étaient d'énormes maisons à six étages qu'ils entendaient élever, afin de faire tenir. sur le même espace de terrain le plus d'appartements possible ; de là, nécessité de démolir ce mur pour le reconstruire plus solidement. Et cette démolition, cette reconstruction entraînaient avec elles des difficultés de toutes sortes, soit entre les propriétaires mitoyens seuls, soit entre eux et leurs locataires dont les habitations se trouvaient ainsi momentanément éventrées. Qui paiera les frais de démolition et de reconstruction, et l'indemnité due aux locataires, s'il en est dû ?

Sans doute cette seconde question est moins neuve que la première ; elle a déjà été traitée autrefois sous l'empire des coutumes ; mais jamais elle ne s'était présentée avec la même fréquence que de nos jours, jamais elle n'avait été aussi actuelle, et c'est ce qui nous a décidé à en faire également l'objet de ce travail, lequel se divisera, par suite, tout naturellement en deux parties, consacrées : la première, à l'étude de la première de ces questions : « De l'action en paiement du compte de mitoyenneté » ; — l'autre, à l'étude de la deuxième : « De la démolition et de la reconstruction du mur mitoyen ».

—

PREMIÈRE PARTIE

DE L'ACTION EN PAIEMENT DE COMPTE
DE MITOYENNETÉ

—

3. C'est un point de droit très délicat, avons-nous dit, que de savoir si le maître du mur sur lequel le voisin a adossé des constructions sans lui payer le prix de la mitoyenneté, a un recours, pour obtenir le paiement de ce prix, contre le tiers détenteur auquel ces constructions auraient été cédées.

De nombreux systèmes, cinq ou six au moins, divisent à cet égard, la doctrine et la jurisprudence.

Mais ce serait une erreur de croire que, même à l'encontre du voisin constructeur, les droits du maître du mur soient définis d'une façon nette et certaine ; sans doute il est incontestable qu'il a une action contre lui à l'effet d'arriver, soit directement, soit indirectetement, à se faire rembourser par lui la moitié de la valeur du mur et du sol sur lequel il porte. Mais quelle action ? Là encore, il y a controverse.

Si bien que ce n'est point seulement les rapports du maître du mur avec le tiers détenteur, c'est aussi ceux qu'il a avec le voisin constructeur qu'il va nous falloir rechercher et exposer pour traiter cette question de l'action en paiement du compte de mitoyenneté qui lui est accordée suivant les cas, contre l'un ou contre l'autre.

4. Une distinction nous paraît tout d'abord devoir être faite afin d'y parvenir : a-t-il, ou non, conservé la propriété exclusive de son mur ?

Toutes différentes, en effet, sont, nous le verrons, les actions mises à sa disposition contre le constructeur ou contre le tiers détenteur, selon que ces derniers sont, ou non, réputés avoir acquis la mitoyenneté.

Malheureusement, il y a débat encore, entre les auteurs et les tribunaux sur la fixation de l'époque exacte où le voisin et le tiers détenteur sont ainsi censés avoir acquis la mitoyenneté.

De telle sorte que, de ce chef, une nouvelle controverse surgit qui se greffe sur l'autre et achève de compliquer et d'enchevêtrer la discussion.

Nous essaierons de la simplifier, en examinant, dans trois chapitres successifs, les trois points suivants :

Chapitre I. — *Quand le voisin (ou le tiers détenteur) acquiert la mitoyenneté.*

Chapitre II. — *Quelles actions a le maître du mur tant que le voisin (ou le tiers détenteur) n'a pas acquis la mitoyenneté.*

Chapitre III. — *Quelles actions a le maître du mur à compter du jour où le voisin (ou le tiers détenteur) a acquis la mitoyenneté.*

CHAPITRE PREMIER

5. Trois systèmes sont en présence sur ce point: deux,
absolus l'un et l'autre en sens inverse, le troisième,
tenant le milieu entre eux, ou plutôt n'étant qu'une modification du premier.

6. *1ᵉʳ Système*. — Suivant ses partisans, le voisin
constructeur n'acquiert point la mitoyenneté du mur
par cela seul qu'il utilise ce mur, qu'il s'en sert, notamment pour y adosser ses constructions; il ne l'acquiert
même point par le fait d'un accord qui interviendrait
entre lui et le propriétaire, par exemple pour fixer l'indemnité due ; il l'acquiert seulement par le paiement de
cette indemnité. Ce n'est qu'à compter de ce paiement
qu'il devient copropriétaire du mur, que l'ancien maître
du mur cesse d'en être le propriétaire exclusif (1).
Un double argument est invoqué à l'appui de ce
système.

(1) Paris, 14 juin 1888. D. 89. 2. 245.

Un argument de texte d'abord : il suffit de jeter les yeux sur l'article 661 du Code civil pour constater que ses termes ne laissent aucun doute à cet égard. Comment, dit-il, le propriétaire joignant le mur peut-il le rendre mitoyen? « *En remboursant* au maître du mur la valeur, etc... » N'est-ce-pas clair? Le mur n'est rendu mitoyen que par le remboursement de sa valeur ; tant que cette valeur n'est pas remboursée, il reste la propriété exclusive de celui sur le terrain duquel il est élevé.

Un argument de principe : c'est en effet une règle fondamentale admise par notre Code civil, en matière d'expropriation, que « nul ne peut être contraint de céder sa propriété si ce n'est pour cause d'utilité publique, et moyennant une juste et préalable indemnité » (art. 545 du Code civil). C'est seulement quand il a touché l'indemnité, puisqu'elle doit être préalable, que le propriétaire, atteint par l'expropriation, perd sa propriété ; il la conserve tant que cette indemnité ne lui a pas été versée.

Or, nous sommes ici exactement dans le cas prévu par cet article 545.

Nous sommes en présence d'une expropriation, car c'est un droit absolu pour le propriétaire joignant un mur que d'en exiger la cession de mitoyenneté ; de bon gré ou de force, le maître du mur est obligé d'y consentir, ou plutôt, s'il n'y consent point, on se passe de son consentement. Etre privé de sa chose malgré soi, n'est-ce pas subir une expropriation?

Et cette expropriation n'est pas seulement, comme on

l'a dit parfois, une expropriation pour cause d'utilité privée ; quel est en effet le but de l'article 661 ?

C'est d'éviter la construction de murs inutiles. Lorsqu'un propriétaire veut bâtir sur un terrain, et qu'il trouve sur la propriété voisine, à l'extrémité de cette propriété, et bordant la sienne, un mur solide, suffisant pour porter les constructions qu'il projette, pourquoi l'obliger à construire un autre mur à côté de celui-là ? Pourquoi ne pas l'autoriser à se servir de ce mur existant ?

Sans doute, en ce faisant, on violera le droit du voisin, on portera atteinte à ses prérogatives de propriétaire, on l'expropriera.

Mais, en retour, combien ne rendra-t-on pas service au constructeur, auquel on fera faire ainsi une double économie, et de temps et d'argent — de temps, car un mur nouveau serait long à élever — d'argent, car ce mur nouveau serait coûteux, d'un prix bien supérieur à celui de la mitoyenneté qu'il aura à payer.

Et ce n'est pas seulement au constructeur que profitera cette disposition de l'article 661, c'est encore à la société tout entière, car, dit M. Demolombe (1), « cette société tout entière est intéressée à ce que la dépense des capitaux et des terrains ne soit pas doublée en pure perte », à ce que, lorsqu'un seul mur suffit, on ne soit pas contraint d'en élever deux, dont l'un serait absolu-

____

(1) *Traité des servitudes*, I, 313.

ment inutile, incommode, dispendieux. C'est ce que répète M. Laurent (1), presque dans les mêmes termes : « L'intérêt général demande qu'on ne perde pas un terrain précieux en constructions inutiles ».

C'est d'ailleurs ce que proclamait déjà Bourjon (2) : « Le bien public, qui est la loi suprême, a conduit nécessairement à rendre une telle vente forcée ».

Donc l'expropriation autorisée par l'art. 661 est bien une expropriation pour cause d'utilité publique ; elle rentre dans le cadre de l'art. 545, et, par suite, il faut lui appliquer la règle de cet article, suivant laquelle « nul ne peut être contraint de céder sa propriété sans une *préalable* indemnité ». Tant que le maître du mur n'aura pas touché cette indemnité, il restera propriétaire exclusif dudit mur.

7. La conséquence de ce premier système, au point de vue de la question qui nous préoccupe, est facile à dégager : c'est que, des deux catégories d'actions que nous reconnaîtrons au maître du mur, dans les deux chapitres qui vont suivre, pour lui permettre de se faire payer la valeur de la mitoyenneté, il n'y en a qu'une seule, celle que nous indiquerons au chapitre II, qui se conçoive avec ce système, à savoir celle des actions données au maître du mur, tant que le voisin (ou le tiers détenteur) n'a pas acquis la mitoyenneté ; puisque, encore une fois dans cette théorie, le voisin

(1) *Principes de droit civil*, VII, 504.
(2) *Droit commun de la France*, liv. IV, tit. I, ch. 9.

(ou le tiers détenteur) n'acquiert cette mitoyenneté que par le paiement effectif du prix, c'est-à-dire à un moment où notre question ne se pose plus.

8. *2ᵐᵉ Système*. — Au rebours du premier système, les partisans du deuxième décident que le voisin constructeur acquiert la mitoyenneté par cela seul qu'il utilise ce mur, qu'il s'en sert pour y adosser ses constructions. La prise de possession suffit à lui faire acquérir cette mitoyenneté.

Peu importe qu'il n'en ait pas encore payé le prix ; peu importe même qu'il n'ait pas fait régler ce prix d'accord avec le maître du mur, ou qu'il n'ait même pas avisé ce dernier de son intention de se servir de son mur. Ce sont là des considérations étrangères au débat présent, et qui sont sans influence sur la transmission de la propriété.

Cette transmission s'opère, de par la volonté de l'article 661, lorsque le constructeur s'empare du mur, et ce, indépendamment de tout paiement, indépendamment même de tout règlement. « L'acquisition de la mitoyenneté, disait Berlier au Conseil d'État, s'opère par la disposition de la loi ».

C'est en effet une profonde erreur que de subordonner une transmission de propriété, comme le fait le premier système, à une numération de deniers ; c'est confondre le Droit romain avec le Droit français. Il n'y a plus besoin aujourd'hui, comme autrefois, d'un acte matériel pour opérer une pareille transmission ; il suffit d'une manifestation de volonté : manifestation d'une double volonté lorsque la mutation a lieu, comme dans la vente ordinaire, par suite d'un accord entre deux parties, manifestation d'une volonté unique lorsqu'elle a lieu, comme dans notre espèce, au gré d'une seule des parties ; or, comment le constructeur manifesterait-il plus clairement sa volonté d'acquérir la mitoyenneté qu'en adossant ses constructions contre le mur ?

On oppose le texte de l'article 661. Mais ce qu'a voulu simplement dire cet article en faisant au constructeur l'obligation de rembourser la valeur de la mitoyenneté, c'est que l'acquisition de cette mitoyenneté ne serait point gratuite : ces mots « en remboursant » ne signifient pas autre chose, et c'est en dénaturer le sens que de les interpréter autrement. La preuve en est dans un article voisin, au même titre des Servitudes, dans l'article 682 sur la servitude d'enclave. Malgré les termes de ce dernier article disant expressément que le propriétaire enclavé peut seulement réclamer un passage, à la charge de payer une indemnité, il est généralement reconnu (1) que la prise de possession du passage avant la détermination de l'indemnité due ne constitue pas une usurpation dont les tribunaux doivent ordonner la cessation jusqu'à ce que l'indemnité ait été payée ; par cela seul qu'il passe, le voisin a acquis le

____

(1) Cass., 7 mai 1879. Dalloz, 1879, I, 460.

droit de passage ; par cela seul aussi qu'il utilise le mur, il est censé en avoir acquis la mitoyenneté : dans les deux cas, le raisonnement est le même. Il n'y a pas à se préoccuper, au point de vue de l'acquisition du droit, du paiement de l'indemnité.

On oppose encore les principes admis en matière d'expropriation. Mais qu'on ne s'y trompe point ; ce qui est retardé jusqu'au paiement de l'indemnité en cas d'expropriation pour cause d'utilité publique, ce n'est point la transmission de propriété, car cette transmission s'opère par l'effet du jugement qui prononce l'expropriation (Loi du 3 mai 1841, art. 14) ; c'est seulement la prise de possession (art. 53). Il est donc inexact de prétendre que le propriétaire exproprié ne cesse d'être propriétaire que du jour où il touche l'indemnité à lui due. Ainsi tombe, lui aussi, le second argument invoqué par le premier système.

9. La conclusion de ce deuxième système, sous le rapport qui fait l'objet de ce travail, est diamétralement opposée à celle que nous avons tirée du premier : des deux catégories d'actions que nous reconnaîtrons au maître du mur, dans les deux chapitres qui vont suivre, pour arriver à se faire rembourser la valeur de la mitoyenneté, sans doute il y en a également une seule qui puisse se comprendre dans ce deuxième système ; mais ce n'est plus celle que nous indiquerons au chapitre II, c'est celle, au contraire, dont nous nous occuperons au chapitre III, à savoir celles des actions don-

nées au maître du mur quand le voisin (ou le tiers détenteur) a acquis la mitoyenneté, puisque, comme nous
venons de le voir, ce voisin (ou ce tiers détenteur) est
censé, d'après les défenseurs de cette seconde opinion,
avoir acquis la mitoyenneté dès l'instant où peut commencer à se poser la question de savoir s'il en doit la
valeur.

10. *3ᵐᵉ Système* (1). — Ce troisième système est,
comme nous l'avons dit, intermédiaire entre les deux
premiers; il fait, en effet, une distinction, selon qu'il
est, ou non, intervenu entre les parties, soit une convention contenant cession de mitoyenneté, soit une sentence judiciaire équivalente.

N'est-il pas intervenu, entre elles, une convention ou
un jugement de ce genre? Le voisin constructeur doit
être réputé ne pas avoir acquis la mitoyenneté. Sa
prise de possession du mur ne lui a créé aucun droit;
c'est une simple voie de fait, ce n'est pas un acte juridique (2). Le maître du mur en est demeuré le propriétaire exclusif.

Est-il intervenu, au contraire, soit une convention

(1) Paris, 23 janvier 1888; Dalloz, 1889, I, 328; Cass., 10 avril 1889,
D. 1889, I, 336; Cass., 10 avril 1889, D. 89, I, 371; Paris, 14 janvier
1890, D. 90, 2, 75; Besançon, 12 mars 1890, D. 91, 2, 95; Brésillion,
note dans D. 89, I, 321; Labbé, note dans Sirey, 89, I, 401; Bonnet,
France judiciaire, 1888, p. 193; Le Courtois, *France judiciaire*,
1889, p. 197.

(2) Cass., 27 juin 1892, D. 92, 1, 379.

contenant cession de la mitoyenneté, soit une sentence judiciaire ? La situation juridique est alors profondément modifiée ; le maître du mur en a perdu la propriété exclusive, il n'en est plus que copropriétaire avec le constructeur qui en a, désormais, avec lui, la mitoyenneté.

En définitive, ce troisième système est, on le voit, le premier système, sauf une restriction.

C'est le premier système, celui qui traite en usurpateur le constructeur qui, sans aviser le maître du mur, s'empare de ce mur pour son utilité personnelle.

11. C'est, qu'en effet, les arguments invoqués par le premier système restent entièrement debout malgré l'assaut qu'on a essayé de leur donner.

Vainement, cherche-t-on à réfuter l'article 661 par l'article 682, en leur prêtant, à l'un et à l'autre, la même portée. Il suffit de comparer ces deux articles pour voir combien leurs termes sont différents, par suite aussi, leur signification. D'après l'un, l'article 661, le voisin acquiert le droit *en remboursant* ; d'après l'autre, l'article 682, il acquiert le droit *à la charge* de payer. Autre chose est cette expression « en remboursant », autre chose est cette autre « à la charge de payer ». Dire qu'on acquiert un droit en remboursant, c'est dire que c'est seulement au moyen d'un remboursement qu'on fait l'acquisition ; dire qu'on acquiert un droit à la charge de payer, c'est dire que l'acquisition est réalisée dès avant le paiement, et qu'elle a simplement pour effet d'obliger à ce paiement. La différence des termes entraîne la différence d'interprétation, et, en conséquence, loin de prouver contre le sens que le premier système attribue à l'article 661, l'article 682, sainement compris, tend, au contraire, à donner raison, de ce chef, au premier système.

Vainement encore, pour se débarrasser du principe que, en matière d'expropriation pour cause d'utilité publique, le propriétaire ne perd la propriété de sa chose qu'après avoir touché l'indemnité, objecte-t-on qu'aux termes de la loi du 3 mai 1841, c'est seulement la possession de son immeuble que l'exproprié conserve jusqu'au paiement de son indemnité, mais qu'il est dépouillé de la propriété de l'immeuble dès avant ce paiement, dès le jour du jugement d'expropriation.

Il nous est facile de répondre que l'hypothèse régie par la loi du 3 mai 1841 n'est que l'un des cas spéciaux dans lesquels il y a lieu à expropriation publique ; que pour cette hypothèse particulière, la dite loi du 3 mai 1841 a dérogé à l'article 545, lequel pose les principes de la matière ; que cet article 545 reste donc applicable à tous les autres cas pour lesquels il n'a pas été apporté de dérogation spéciale, notamment à celui que nous étudions en ce moment ; car, nous l'avons démontré, c'est une véritable expropriation pour cause d'utilité publique qu'autorise l'article 661, en permettant à tout propriétaire joignant un mur de contraindre son voisin à lui en céder la mitoyenneté.

12. En principe, donc, le premier système nous paraît exact, mais c'est à la condition d'en concilier l'application avec les règles générales de notre législation moderne.

Or, c'est aujourd'hui un point incontesté, proclamé à plusieurs reprises par les rédacteurs du Code civil (art. 938, 1138, 1583 C. c.), que le simple consentement des parties suffit pour opérer une mutation de propriété. Nous sommes d'accord, vous pour m'acheter, moi pour vous vendre la portion de terrain qui fait l'extrême limite de ma propriété ; aussitôt cet accord intervenu, et rien que par son seul fait, vous êtes devenu propriétaire de cette portion de terrain, j'ai cessé de l'être.

Tel est le principe, et, à ce principe aucune exception n'a été apportée en ce qui concerne les murs ; il s'applique donc à eux, tout aussi bien qu'à tous autres objets quels qu'ils soient.

Par conséquent, il faut décider que, du moment où nous sommes d'accord, vous pour m'acheter, moi pour vous céder la mitoyenneté de mon mur, cette mitoyenneté vous est instantanément acquise ; il y a donc lieu, sur ce point, de restreindre l'application du premier système, et de décider qu'en conformité des principes généraux, le voisin constructeur (ou le tiers détenteur) à qui le maître du mur cède la mitoyenneté, acquiert immédiatement cette mitoyenneté, par le seul effet de la cession qui lui en est consentie.

Il n'y a pas alors à se préoccuper du paiement du prix. Peu importe que ce prix ait été ou non payé ; c'est l'article 1583 qui le dit en termes formels : « La propriété est acquise de droit à l'acheteur et à l'égard du vendeur, dès qu'on est convenu de la chose et du prix, quoique la chose n'ait pas encore été livrée, ni le prix *payé* ».

Il suffit que deux parties aient été d'accord pour faire la cession, que cet accord, au surplus, soit ou exprès ou tacite. Dès lors qu'il existe, il n'y a pas à demander autre chose. Sans doute, il vaudra mieux, au point de vue de la preuve, qu'un écrit ait été dressé ; mais l'absence d'un écrit aura simplement pour résultat de rendre cette preuve plus difficile, et n'empêchera aucunement la convention d'exister, et, par conséquent, la mutation de propriété de se réaliser.

Même, parce que la cession est obligatoire pour le maître du mur, son consentement, comme dans tous les cas d'expropriation, pourra être suppléé par une décision de justice, analogue au jugement d'expropriation en matière de saisie-immobilière, au jugement qui prononce l'expropriation dans l'hypothèse de la loi du 3 mai 1841. Et c'est pour cette raison que nous disions tout à l'heure, en commençant à exposer ce système, que le constructeur doit être réputé avoir acquis la mitoyenneté du jour où il serait intervenu, entre lui et le maître du mur, soit une convention contenant cession

de mitoyenneté, soit une sentence judiciaire équivalente (1).

13. Avec ce troisième système, il n'en est plus comme avec les deux précédents, pour lesquels l'un ou
l'autre des deux chapitres qui vont suivre est inutile ;
il comporte, lui, au contraire, l'application de l'un et
de l'autre, puisque, suivant la distinction qu'il fait, le
voisin constructeur (ou le tiers détenteur) est réputé,
tantôt avoir acquis, tantôt n'avoir pas acquis la mitoyenneté.

---

(1) Il y a lieu de faire observer que le droit d'exiger la cession de
la mitoyenneté n'appartient qu'au propriétaire du fonds voisin et non
à celui qui ne justifie pas d'un droit de propriété sur ce fonds, par
exemple au locataire (Cass., 27 juin 1892, D. 92, 1, 379).

CHAPITRE II

14. Cette question, avons-nous vu, ne se pose pas si
l'on admet le deuxième des systèmes que nous avons
exposés sur la fixation de l'époque à laquelle le voisin
est réputé avoir acquis la mitoyenneté, puisque, dans
ce système, il l'acquiert immédiatement, dès qu'il commence à utiliser le mur, à jouir des avantages de cette
mitoyenneté.

Mais elle présente, au contraire, un grand intérêt
lorsqu'on adopte soit le premier, soit le troisième de ces
systèmes, puisque, sous l'empire de l'un ou de l'autre,
un voisin n'acquiert pas, au contraire, la mitoyenneté
par cela seul qu'il se sert du mur : quelles actions aura donc le maître de ce mur, dans ce cas, pour arriver
à se faire payer ?

15. La réponse nous paraît se résumer ainsi : le
maître du mur, tant que le voisin ne sera pas devenu
propriétaire, aura contre lui l'action en revendication ;
mais il n'aura aucune action personnelle.

Cette double affirmation appelle quelques développements, car elle a été contestée ; nous essaierons donc de la justifier, et de réfuter les objections qu'on lui a faites.

§ I

16. Le maître du mur, disons-nous d'abord, a l'action en revendication contre le voisin tant que ce dernier n'a pas acquis la mitoyenneté.

Et ce n'est là qu'une application du droit commun, tout propriétaire ayant l'action en revendication pour faire respecter son droit de propriété, faire cesser tous troubles qui viendraient à y être apportés.

Le maître du mur, tant que le voisin n'en a pas acquis la mitoyenneté, en est resté le propriétaire exclusif ; il a donc, comme tel, l'action en revendication qui lui permet, dans le cas où un tiers s'en serait emparé, d'en réclamer la possession, et de faire détruire tous ouvrages quelconques que ce tiers y aurait adossés.

17. Grâce à cette action, le maître du mur pourra donc agir contre le voisin constructeur pour obtenir le rétablissement de son mur dans l'état primitif, et la suppression de tous enfoncements ou attachements, d'une façon générale de tous travaux qu'il aurait pratiqués dans ce mur pour l'édification de sa construction.

18. Il lui importera peu d'ailleurs, lorsqu'il agira, que ces constructions soient encore, ou non, entre les mains de celui qui les a élevées. L'action en revendication est, en effet, au premier chef, une action réelle ; elle atteint tous les détenteurs de la chose quels qu'ils soient, et, par conséquent, dans notre espèce, non-seulement le constructeur originaire, s'il est encore possesseur, mais, dans le cas où il aurait cédé, les tiers qui se trouvent actuellement possesseurs.

Ce sont donc les principes généraux de notre législation qui, nous venons de le voir, commandent, en cette matière, d'accorder l'action en revendication au maître du mur (1).

19. L'exercice de cette action lui a cependant été refusé, sous le prétexte que, le propriétaire voisin ayant, à toute époque, le droit d'user de la faculté de l'article 661, pourrait très bien, au lendemain même du jour où les travaux seraient démolis par l'effet de l'action en revendication, en opérer le rétablissement en payant la valeur de la mitoyenneté ; que, dans ces conditions, la démolition de ces travaux serait vraiment frustratoire ; que, par suite, il n'était pas possible de l'ordonner.

Mais cet argument, tout de fait, ne nous paraît pas

(1) Cpr. considérants d'un arrêt de la Cour de Paris du 14 janvier 1890, D. 90, 2, 75 ; Voir dans le même sens tribunal de la Seine, 7e chambre, 30 janvier 1894. Ce jugement décide en outre que l'action du propriétaire du mur n'étant qu'une des formes de l'action en revendication est imprescriptible, *Le Droit*, 21 février 1894. *L'Architecture*, 1894, p. 147.

sérieux au point de vue juridique. Sans doute, les conséquences de l'action en revendication, si elle est exercée jusqu'au bout, pourront être terribles. Mais, d'abord, la question n'est point là ; il s'agit de savoir si, oui ou non, le maître du mur qui est resté propriétaire, a, comme tout propriétaire, le droit d'exercer l'action en revendication ; or c'est là un point qui ne saurait être douteux, car, pour enlever un droit aussi grave, aussi essentiel à un propriétaire, il faudrait un texte ; ce texte n'existe point. — En outre, dirons-nous, à qui la faute, si la démolition vient à être ordonnée et exécutée ? N'est-ce pas au voisin, qui s'obstine à ne point payer le prix de la mitoyenneté ? Qu'il le paye, et cette démolition n'aura point lieu. Aussi bien, en fait, pour nous placer au même point de vue que nos adversaires, arrivera-t-il toujours que, sous la menace d'une action en revendication, le maître du mur sera remboursé du prix de la mitoyenneté ; si bien que, pratiquement, on n'aura jamais à déplorer les résultats désastreux de l'exercice de l'action en revendication.

Mais, tout au moins, a dit un arrêt (1), si le maître du mur a le droit de recourir à cette action, ne le pourra-t-il qu'en dernière analyse, après avoir épuisé les autres moyens que la loi met à sa disposition : « Considérant que le maître du mur, non remboursé, peut en recouvrer sur des tiers la libre disposition, et

____

(1) Paris, 14 juin 1888, D. 1889, 2, 245.

qu'il en résulte nécessairement pour lui la faculté d'agir en justice, pour réclamer le paiement de l'indemnité qui lui est due, les voies plus rigoureuses d'exécution n'étant admises à son profit qu'après la constatation judiciaire de non remboursement ».

21. Seulement cette thèse se heurte, à notre avis, à deux objections qui la ruinent.

D'abord, nous ne croyons pas que le maître du mur ait à sa disposition, tant que le voisin n'a pas acquis la mitoyenneté, une autre action que l'action en revendication. C'est, il est vrai, un point controversé ; nous y reviendrons bientôt.

En outre, il n'est nullement certain, bien que cela soit peut-être équitable, qu'on ne puisse recourir aux voies plus rigoureuses d'exécution qu'après avoir usé des moins rigoureuses. Sans doute, un argument en ce sens pourrait être tiré de l'article 2206 du Code civil, aux termes duquel « les immeubles d'un mineur même émancipé, ou d'un interdit, ne peuvent être mis en vente avant la discussion du mobilier. » Les immeubles, dans l'esprit des rédacteurs du Code civil, sont considérés comme ayant plus de valeur, toutes choses égales d'ailleurs, que les meubles ; l'exécution par la vente des immeubles est donc plus rigoureuse que l'exécution au moyen de la vente des meubles ; et, par suite, pourrait-on dire, quand l'article 2206 prescrit de ne procéder à la saisie des immeubles qu'après celle des meubles, c'est par application de cette idée que le

créancier, ayant à choisir entre plusieurs voies d'exécution, doit commencer par la moins rigoureuse. —
Mais ce serait, nous semble-t-il, une erreur; et, ce qui
le prouve, c'est que du temps où la contrainte par
corps était autorisée, il était permis d'y recourir sans
avoir, au préalable, discuté les biens du débiteur (art.
2069). Or, à coup sûr, la contrainte par corps, voie
d'exécution sur la personne, était une mesure réputée de
beaucoup plus rigoureuse que les voies d'exécution sur
les biens.

§ II

22. Nous avons ajouté qu'en revanche, le maître du
mur n'avait à sa disposition aucune action personnelle
contre le voisin tant que ce dernier n'a pas acquis la
mitoyenneté.

Tout au moins n'a-t-il pas contre lui d'action personnelle qui tende au paiement du prix de la mitoyenneté.

Et cela va de soi : comment le voisin pourrait-il être
tenu de payer le prix d'une chose qui ne lui appartient
pas ? Comment celui qui est resté propriétaire de cette
chose pourrait-il en exiger le prix d'une autre personne ?

Il ne peut que la revendiquer, comme nous l'avons
vu, si elle vient à lui être enlevée ; à cela se borne son

droit. Une seule action lui est donnée, l'action en revendication, sans qu'il puisse recourir à une autre, à une action en paiement de prix. Il n'a pas l'option entre deux partis : demander la destruction des travaux ou réclamer la valeur de la mitoyenneté. Il ne peut que demander la destruction des travaux.

C'est le voisin ainsi actionné qui, lui, à un droit d'option ; il peut, à son choix, ou laisser opérer cette destruction, comme le demande le maître du mur, ou, usant de l'article 661, payer le prix de la mitoyenneté afin d'acquérir cette mitoyenneté, et arrêter ainsi l'action en revendication. En d'autres termes, et pour employer une formule qui résumera rapidement notre pensée, le prix de la mitoyenneté n'est pas « *in obligatione* » ; il est seulement une *facultas solutionis* (1).

Très nombreux cependant sont les auteurs qui accordent au maître du mur une action personnelle en paiement de compte de mitoyenneté contre le voisin constructeur ; il y en a même qui lui reconnaissent une telle action personnelle non-seulement contre le voisin constructeur, mais même contre les tiers détenteurs.

En vertu de quels principes ? C'est ce que nous allons maintenant rechercher, en nous efforçant d'établir qu'aucun des systèmes proposés ne repose sur une base solide. Sans doute, comme nous le verrons, quelques-uns d'entre eux aboutissent bien à prouver que le maî-

(1) Besançon, 12 mars 1890, D. 91, 2, 95.

tre du mur peut avoir à sa disposition, dans certains cas, une action personnelle ; mais, cette action personnelle, ce n'est pas une action en paiement du prix de la mitoyenneté ; c'est une action dont le but est tout autre, et qui tend seulement à la réparation d'un préjudice ou à l'allocation d'une somme représentant un enrichissement indû.

23. *Premier système.*—Il prétend que le fondement de l'action personnelle en paiement du prix de la mitoyenneté contre le voisin constructeur, est dans la loi elle-même : nous serions en présence de l'une de ces obligations que le deuxième paragraphe de l'article 1370 du Code civil déclare « résulter de l'autorité seule de la loi ».

Deux textes, dit-on, le démontrent ainsi,—d'abord, le § 3 du même article 1370, qui, voulant donner des exemples d'obligations naissant ainsi de la loi, cite, en première ligne, les engagements entre propriétaires voisins : n'est-ce point-là précisément notre hypothèse ? — En outre, l'article 661 lui-même aux termes duquel le voisin, qui veut rendre son mur mitoyen, doit rembourser, au maître de ce mur, la valeur de la mitoyenneté.

24. Mais cette thèse est condamnée de la façon la plus radicale par l'un des textes mêmes qu'elle invoque, le § 3 de l'article 1370. C'est, en effet, ce paragraphe qui définit ce qu'il faut entendre par les engagements résultant de la loi : ce sont, dit-il, ceux qui sont formés *involontairement.* Or, personne ne soutiendra qu'il puisse s'agir ici d'engagement formé involontairement. Le fait qui donne lieu à cet engagement, c'est-à-dire l'utilisation du mur par le constructeur, est essentiellement volontaire ; il dépend exclusivement de la volonté de ce dernier de construire ou de ne pas construire, et, s'il construit, de ne pas adosser sa propriété contre le mur existant ; rien ne l'empêche d'en élever un autre.

Donc, et par définition, il ne saurait être question ici d'engagement résultant de la loi.

On objecte que le § 3 de l'article 1370 donne, comme type d'obligations légales, celles qui existent entre propriétaires voisins. Sans doute, il peut être exact que le voisinage engendre, de plein droit, entre voisins, quelques obligations (1), et, à ce titre, le législateur a eu raison de présenter ce cas comme un exemple d'engagements résultant de la loi, parce qu'il y a, en effet, entre eux, des engagements formés involontairement ; mais ce serait outrepasser la pensée de ceux qui ont rédigé l'article 1370, ce serait même la fausser complètement que de leur prêter l'intention d'avoir voulu déclarer susceptibles de donner naissance à des engagements considérés comme résultant de la loi, tous les faits, même volontaires, qui peuvent se produire entre

____

(1) Encore est-ce là un point très contestable. Voir sur ce point Demolombe, *Traité des servitudes*, I, 10.

propriétaires voisins. Le même paragraphe aurait, à la fois, posé un principe et contredit ce principe par l'application qu'il en aurait entendu faire !

On objecte également les termes de l'article 661. Mais il a déjà été démontré qu'ils n'ont aucunement le sens qu'on leur attribue. Il nous suffit de renvoyer à cet égard à ce que nous avons dit au paragraphe 11.

L'article 661 ne dit pas que le voisin venant à utiliser le mur sera tenu d'en payer la valeur, il dit simplement qu'il ne pourra en acquérir la mitoyenneté que par le fait même du paiement, à moins, bien entendu, d'entente entre le constructeur et le maître du mur.

Si donc il naît une obligation, elle naîtra, comme nous le verrons plus loin, seulement de cette entente, et non de l'art. 661.

25. *Deuxième système.* — Ce n'est plus de la seule autorité de la loi que ce système entend faire découler l'action personnelle en paiement de mitoyenneté contre le voisin constructeur, c'est d'un quasi-contrat.

C'est, en effet, comme nous venons de le voir, un fait volontaire de l'homme que le fait par le constructeur d'utiliser le mur qui joint sa propriété. Nous sommes dans l'hypothèse prévue par l'article 1371 du Code civil suivant lequel les quasi-contrats sont « les faits purement volontaires de l'homme dont il résulte un engagement quelconque envers un tiers. »

26. Cette doctrine nous paraît également devoir être rejetée.

Tout d'abord, il n'est pas du tout certain qu'il y ait d'autre quasi-contrats que ceux expressément prévus par le Code. De bons auteurs soutiennent même le contraire (1) ; or le Code ne mentionne comme quasi-contrats que la gestion d'affaires et le paiement de l'indû ; il ne fait aucune allusion à celui que l'on prétend exister en notre matière.

Est-ce une raison de l'écarter *a priori* ?

Il nous faudrait, si nous nous placions exclusivement à ce point de vue, nous livrer à une discussion dont les développements nous entraîneraient hors du cadre de notre sujet.

Nous le ferons d'autant moins, qu'indépendamment de cet argument possible, il y en a un second qui nous paraît beaucoup plus péremptoire, c'est qu'en tout cas, il ne suffit point, pour qu'il y ait quasi-contrat, que le fait de l'homme soit volontaire, il faut encore qu'il soit licite.

Le fait du constructeur qui, sans crier gare, sans aviser le maître du mur, s'empare de ce mur, l'utilise comme s'il était sien, y adosse ses constructions ; un tel fait est-il, ou non, licite ?

Il semble que poser la question, c'est la résoudre. Le

(1) Laurent, *op. cit.*, XX, 309.

constructeur qui procède ainsi commet une voie de fait, une véritable usurpation, et par conséquent, nous ne sommes point dans l'hypothèse d'un quasi-contrat.

27. *Troisième système.* — Alors apparaît tout naturellement le troisième système (1). L'acte du constructeur qui appuie ses constructions contre le mur est volontaire ; c'est en outre un acte illicite. Nous voici, par conséquent, dans le cas réglementé par l'article 1382 du Code civil, nous sommes en présence ou d'un délit ou d'un quasi-délit; d'un délit, si en agissant ainsi, le constructeur a eu l'intention de nuire ; d'un quasi-délit, dans le cas contraire.

L'idée de ce troisième système permet même à ses partisans de faire un pas de plus en faveur du maître du mur. Alors que les deux premiers systèmes donnent seulement à ce dernier le droit d'actionner le voisin constructeur, et non les tiers détenteurs, on entrevoit la possibilité, avec le troisième, d'atteindre même ces tiers détenteurs. Ne peut-on pas soutenir qu'en continuant de laisser leur construction adossée au mur sans payer le prix de la mitoyenneté, ils « perpétuent l'entreprise illégale » de leur auteur, s'y associent en quelque sorte, et se rendent, eux aussi, coupables, par cette façon de procéder, d'un véritable délit ou quasi-

____

(1) Paris, 23 janvier 1888, D. 89, I, 321 ; Paris, 14 juin 1888, D. 89, 2, 245 ; Paris, 14 janvier 1890, D. 90, 2, 75.

délit ? L'action de l'article 1382 sera donc aussi accordée au maître du mur contre eux.

Qu'on se souvienne, en outre, que, tout au moins selon la théorie dominante, les obligations nées d'un délit ou d'un quasi-délit, entraînent la solidarité de tous les obligés. Et alors on arrivera à cette conclusion que le maître du mur a une action solidaire en paiement de la valeur de la mitoyenneté, et contre le constructeur, auteur originaire de l'usurpation, et contre les occupants successifs du mur, complices et continuateurs de cette usurpation (1).

28. Nous répondrons à cette très ingénieuse théorie par une première observation : c'est que si son point de départ, à savoir l'existence d'un délit ou d'un quasi-délit à la charge du voisin est exact dans le système de ceux qui, comme nous, déclarent la mitoyenneté acquise à ce voisin quand une entente est intervenue entre lui et le maître du mur, il n'en saurait être de même à toute époque pour ceux qui retardent la transmission de propriété jusqu'au jour du paiement effectif de l'indemnité, et ce, quand même, antérieurement, les parties se seraient mises d'accord ; car il est bien certain que, dans ce dernier système, il ne peut plus être question d'usurpation, de voie de fait, du jour où l'entreprise s'est trouvée autorisée par le maître du mur.

(1) Voir notamment l'arrêt de la Cour de Paris du 14 janvier 1890, D. 90, 2, 75, et dans *l'Architecture*, 1890, p. 44.

Il y aurait donc de ce chef, si on acceptait cette opinion, une limitation considérable à la théorie du délit ou du quasi-délit.

Mais une objection bien plus typique et tout-à-fait décisive peut être faite : à quoi tend l'action née d'un délit ou d'un quasi-délit ? A réparer le dommage causé, dit l'article 1382. Elle ne peut donc avoir pour objet, dans notre espèce, de faire obtenir au maître du mur le prix de la mitoyenneté, car, qu'on ne l'oublie point, nous sommes toujours dans l'hypothèse où le voisin n'a pas acquis la mitoyenneté, où le maître du mur en a conservé la propriété exclusive. Le dommage causé à ce maître du mur ne consiste donc point dans la perte de cette propriété exclusive ; il n'est point de la valeur de moitié du mur et du sol sur lequel il est élevé, puisque sol et mur continuent à lui appartenir intégralement. On ne saurait donc demander que le voisin soit condamné à lui payer la somme représentative de cette valeur de la moitié du mur et du sol, c'est-à-dire le prix de la mitoyenneté.

Non, ce qu'on pourra seulement demander au voisin, c'est une indemnité pour le préjudice qu'il aura causé indûment, indemnité que les juges du fait apprécieront souverainement, qui, selon les circonstances, sera tantôt supérieure, tantôt inférieure au prix de la mitoyenneté, tantôt même pourra lui être égale, mais qui, en tous cas, ne le sera jamais nécessairement ; car, encore une fois, ce n'est pas une action personnelle en paiement de prix de mitoyenneté, c'est une action en réparation de préjudice.

29. *Quatrième système.* — C'est d'une pensée sensiblement analogue à celle que nous venons d'exposer que s'inspire le quatrième système.

Considérant, en effet, que celui qui, sans être propriétaire d'un mur, s'en sert pour son usage, s'enrichit dans la mesure où il en profite, ce quatrième système autorise le maître du mur à agir contre lui par voie d'action personnelle, en vertu du principe d'éternelle justice que « nul ne peut s'enrichir aux dépens d'autrui ». Peu importe d'ailleurs quel est celui qui profite ainsi du mur, que ce soit le constructeur originaire, que ce soit un tiers détenteur, il suffit qu'il en use. Et c'est ainsi que, comme la précédente, cette opinion permet d'atteindre, au moyen d'une action personnelle, non seulement le voisin usurpateur primitif, mais encore ceux qui lui ont succédé dans son occupation.

30. Là encore, cependant, nous croyons que les partisans de l'action personnelle en paiement de compte de mitoyenneté se font illusion.

Il y a tout d'abord, en effet, de nombreux cas où il sera impossible de poursuivre le tiers détenteur à raison de son enrichissement ; ce sont tous ceux, et ce sera la règle générale, où ce tiers détenteur, en achetant les constructions adossées à ce mur, aura cru que ce mur était mitoyen, parce qu'on le lui aura présenté comme

tél, ou parce qu'il aura été naturel de le présumer tel
en vertu de l'article 653 ; il aura tenu compte de
la valeur de la mitoyenneté de ce mur pour fixer le
prix total de son acquisition. Il est bien certain que,
alors, l'usage de ce mur ne l'aura pas enrichi indûment, puisqu'il l'aura payé.

Mais, en outre, et ici nous ne ferons que répéter l'argument capital que nous avons invoqué contre le troisième système : A quoi tendra l'action personnelle
qu'on propose ? Seulement à faire condamner celui qui
se sert du mur, au montant du profit qu'il en retire.
Or, toujours par hypothèse, il n'est pas devenu propriétaire mitoyen ; on ne peut donc dire qu'il s'est enrichi de la mitoyenneté, et, par suite, on ne peut le
condamner à en payer la valeur.

Sans doute, le maître du mur aura une action personnelle contre lui — mais ce ne sera pas une action
personnelle en paiement du compte de mitoyenneté —
ce sera simplement une action personnelle tendant à la
condamnation au paiement d'une somme représentant
le montant d'un enrichissement indû.

31. *Cinquième système.* — Enfin, pour nous borner
là, un cinquième système soutenu par M. le conseiller
Bécot dans son rapport à la Cour de Cassation (1), entend fonder le droit pour le maître du mur qui en est

____

(1) Cass., 10 avril 1889, D. 89, I, 335, col. 2.

resté propriétaire exclusif, d'exercer une action personnelle en paiement de compte de mitoyenneté, sur les termes de l'article 555 ainsi conçu : « Lorsque les plantations, constructions et ouvrages ont été faits par un tiers et avec ses matériaux, le propriétaire du fonds a droit ou de les retenir ou d'obliger ce tiers à les enlever. Si le propriétaire conserve ces plantations et constructions, il doit le remboursement de la valeur des matériaux et du prix de la main d'œuvre. »

Il résulte de cet article, a-t-on dit, que le propriétaire du mur peut, au lieu d'exiger la démolition des travaux adossés sur ce mur, se borner tout simplement à demander une indemnité.

32. Mais c'est là, nous en sommes convaincus, une erreur manifeste. Qu'on relise cet article 555, et l'on verra que l'espèce qu'il règlemente est totalement différente de celle que nous examinons.

Qui, dans le cas de l'article 555, a droit à une indemnité ? C'est le possesseur, celui qui a fait les travaux.

Comment est-il possible de faire sortir de là la solution toute contraire, c'est-à-dire non plus le droit pour le possesseur à une indemnité, mais l'obligation d'en payer une !

Il n'y a évidemment aucune analogie entre les deux hypothèses, elles sont diamétralement opposées, et, par conséquent, il est impossible de conclure de l'une à l'autre. Pour les mettre d'accord, il faudrait soutenir, chose absurde, que le propriétaire du mur dans lequel ont été pratiqués des travaux, entend non pas demander la démolition des travaux, mais, tout au contraire, les conserver pour lui en vertu de son droit d'accession ; et alors que résulterait-il de là ? Que, loin d'avoir une action en paiement de compte de mitoyenneté, c'est lui qui serait tenu de payer une indemnité !

L'examen de ces divers systèmes ne fait donc que confirmer l'opinion que nous avons émise au début de ce chapitre, savoir que le propriétaire du mur a, contre le voisin constructeur ou le tiers détenteur qui n'a pas encore acquis la mitoyenneté, l'action en revendication, et qu'il n'a contre lui aucune action personnelle en paiement de compte de mitoyenneté.

CHAPITRE III

33. Ici se place une observation inverse de celle que
nous avons faite en tête du chapitre précédent : c'est
que, des trois systèmes exposés au chapitre premier sur
la détermination de la date à compter de laquelle le voisin doit être réputé avoir acquis la mitoyenneté, il n'y
en a que deux, le deuxième et le troisième, dans lesquels on puisse se demander quelles sont les actions
données au maître du mur pour se faire payer du prix
de la mitoyenneté quand une fois le voisin l'a acquise.
Pareille question ne se conçoit pas dans le premier,
puisque dans celui-ci, c'est précisément par le paiement
du prix que le voisin acquiert seulement cette mitoyenneté.

Le problème à résoudre dans le chapitre qui précède
était surtout de savoir si le maître du mur, resté propriétaire exclusif de ce mur, avait néamoins une action
personnelle en paiement du prix de mitoyenneté. De
l'action réelle on se préoccupait moins, car, sauf des
contradictions inévitables en toute matière juridique, il

était bien difficile de ne pas reconnaître l'action en revendication au profit du maître du mur.

Mais, maintenant, les choses ont complètement chan-
gé de face ; le voisin (ou le tiers détenteur) a acquis la
mitoyenneté, il en est devenu propriétaire, et, par conséquent, il ne peut plus être question d'exercer contre
lui l'action en revendication. Le maître du mur est-il
donc dépouillé de toute action réelle contre lui (1) ?

S'il en était ainsi, la situation de ce maître du mur
serait défectueuse ; comment pourrait-il atteindre le
les tiers détenteurs ?

34. Il y a une opinion, que nous croyons d'ailleurs
exacte, qui lui donne à cet égard toutes les garanties
désirables ; elle estime que la mutation de propriété intervenue entre lui et le voisin est le résultat d'une
vente, et, par suite, elle lui donne tous les droits, actions et privilèges du vendeur non payé.

Mais c'est là une doctrine très combattue. De nombreux auteurs, et surtout de nombreux arrêts, ont soutenu qu'il est impossible de considérer comme une
vente la cession forcée de mitoyenneté opérée en vertu
de l'article 661.

Exposons d'abord leur théorie ; nous dirons ensuite
quelques mots de la nôtre.

______

(1) Un jugement du tribunal civil de la Seine du 17 juin 1894
(*L'Architecture*, 1894, p. 355) décide que le maître du mur n'a qu'une
action personnelle contre le voisin constructeur, sans recours contre
le tiers détenteur.

§ I

35. La raison pour laquelle les partisans de ce premier système refusent de voir une vente dans la cession de mitoyenneté, c'est, disent-ils, que le consentement libre des deux parties est absolument indispensable pour qu'il y ait vente (1).

Or ce consentement libre n'existe pas en matière de cession de mitoyenneté ; même quand il y donne son adhésion, le cédant ne fait, au fond, que la subir, puisqu'il ne peut point l'éviter, l'article 661 lui en faisant une nécessité absolue.

Donc il n'y a point vente ; et, par suite, le cédant n'a point a sa disposition les garanties spéciales du vendeur non payé, notamment le privilège de l'article 2103 § 1.

36. Va-t-on, cependant, le laisser complètement désarmé vis-à-vis des tiers ? — Non, sans doute, ont répondu les défenseurs de cette théorie ; et ils se sont alors ingéniés à lui donner les moyens d'agir contre les tiers.

Deux moyens différents ont été ainsi proposés, que nous allons indiquer brièvement.

37. *Premier moyen.* — C'est l'action résolutoire de droit commun de l'article 1184.

____

(1) Cass., 17 février 1864, D, 64, 1, 87.

La mutation de propriété *sui generis*, qui s'est opérée au profit du voisin, a entraîné pour lui, en retour, l'obligation de payer le prix de la mitoyenneté. Qu'il vienne à manquer à cette obligation; et le maître du mur, usant contre lui des droits que lui confère la loi en général, peut à son gré poursuivre contre lui ou le paiement de l'indemnité ou la résolution de la mutation pour défaut d'exécution.

Ce dernier moyen est naturellement le seul qu'il emploiera s'il se trouve en présence d'un tiers détenteur; indirectement, en effet, il produira les mêmes effets que l'action en revendication, puisque, la mutation de propriété résolue, le cédant sera censé avoir toujours été propriétaire, et pourra, par suite, revendiquer contre tous la possession exclusive de son mur.

38. Sous ce rapport, on pourra même dire que le cédant est mieux traité que si on le considérait comme vendeur. Sans doute, comme tel, il aurait également droit à exercer une action résolutoire, mais cette action résolutoire serait celle de l'article 1654, laquelle est soumise pour sa conservation à l'accomplissement de diverses formalités; c'est ainsi qu'aux termes de l'article 717 du Code de procédure civile, elle ne peut être exercée contre un adjudicataire sur saisie-immobilière que si elle a été notifiée au greffe du tribunal préalablement à l'adjudication ; c'est ainsi encore que, suivant une innovation de l'article 7 de la loi du 23 mars 1855, elle ne peut plus être exercée après l'extinction du privilège du vendeur, au préjudice des tiers qui ont acquis des droits sur l'immeuble du chef de l'acquéreur, et qui se sont conformés aux lois pour les conserver.

Ces dispositions sont spéciales à l'action résolutoire de l'article 1654 ; elles ne s'étendent pas à celle de l'article 1184. Donc le cédant n'a, par suite, aucune déchéance à craindre et jouit d'une situation plus favorable que ne lui donnerait la qualité de vendeur.

39. *Deuxième moyen.* — Ce second moyen consiste à donner au cédant une action réelle contre l'immeuble dont les constructions sont adossées à son mur, contre les tiers détenteurs de cet immeuble, par conséquent, quels qu'ils soient.

Seulement, comment justifier cette action réelle ? Quel est le droit réel qui lui sert de base ?

Ici les auteurs et arrêts qui préconisent une telle action en faveur du maître du mur se divisent entre eux.

40. Suivant les uns, elle aurait pour fondement la servitude de mitoyenneté.

Voici comment s'exprime, à cet égard, l'un des partisans les plus autorisés de cette opinion (1).

« Nous ne nous arrêterons pas à la définition des servitudes, non plus qu'à l'examen de la nature des droits

______

(1) M. Quesnay de Beaurepaire, Conclusions, Cour de Paris, 25 novembre 1885. Sir., 86, 2, 25.

qu'elles engendrent : les principes en sont connus ; mais demandons-nous quel est l'acte constitutif d'une servitude comme celle-ci, qui préexiste par le fait de la loi au point de vue de son essence, mais qui n'acquiert la vie réelle et n'opère que par le fait de l'homme ?

« Ce n'est qu'un droit latent, tantque le voisin s'abstient ; ce n'est un droit objectif que s'il agit. Donc, la mainmise du voisin est l'acte générateur. De par la loi, il y a droit à la mitoyenneté ; de par l'homme, il y aura mur mitoyen. Dès lors, quand le voisin prend (moyennant le dédommagement pécuniaire) moitié du mur et moitié du terrain, une situation nouvelle en découle, qui fait corps avec le principe de la servitude, puisqu'elle en est l'application directe, nécessaire, et pour ainsi dire indivisible. La conséquence est celle-ci, à mon estime : la constitution de l'état de mitoyenneté est et doit être « l'acte constitutif de la servitude » suivant les expressions du législateur de 1855.

« Et qu'est-ce que cette constitution ? C'est la convention ou le jugement fixant la transmission immobilière et fixant le prix. »

41. Suivant d'autres jurisconsultes, au contraire (1), le droit réel qui donne naissance à l'action réelle dont s'agit serait non point la servitude légale de mitoyenneté,

____

(1) Trib. de la Seine, 25 février 1885, D. 85, 3, 54 ; Paris, 25 novembre 1885, D. 86, 2, 189 ; Trib. de la Seine, 11 mars 1886, D. 89, 1, 324.

mais un droit réel engendré par l'exercice de la servitude, corrélatif à cette servitude, tendant au paiement de l'indemnité, un droit réel spécial, *sui generis*, innomé.

« Attendu, dit le Tribunal de la Seine, (1) que, si le législateur a, dans l'art. 661 du Code civil, créé une servitude en faveur de tout co-propriétaire joignant un mur, en lui accordant la faculté d'acquérir la mitoyenneté de ce mur, en tout ou en partie, même sans le consentement de celui qui l'a construit, il a en même temps, imposé audit propriétaire l'obligation de rembourser au maître du mur la moitié de la valeur dudit mur, et moitié de la valeur du sol sur lequel le mur est bâti ; attendu que cette obligation est attachée activement et passivement aux héritages qu'elle concerne ; qu'elle les suit, en conséquence, en quelques mains qu'ils passent... »

42. Seulement, toute dificulté n'est pas encore résolue lorsqu'on a ainsi déterminé le fondement de cette action réelle. Depuis la loi du 23 mars 1855 qui a, en effet, organisé la publicité en matière immobilière, il y a lieu de se demander si l'exercice de cette action réelle à l'encontre des tiers n'est pas subordonné à la formalité de la transcription.

Sur ce point encore, il y a controverse entre les défenseurs de l'action réelle.

(1) Trib. de la Seine, 25 février 1885, D. 85, 3, 54.

43. Un premier système (1) soutient qu'il n'y a pas lieu à transcription.

Il invoque deux arguments d'ordre tout différent, l'un de droit, l'autre de fait.

D'abord, un argument de droit : que l'on considère l'action réelle comme fondée sur un droit réel innomé, ou comme n'étant que le couronnement de la servitude légale de mitoyenneté, la transcription n'est point nécessaire, parce que si c'est un droit réel innomé, il ne figure point parmi les droits dont la transcription est obligatoire de par la loi de 1855, — si c'est une servitude légale, la dite loi de 1855, quand elle a soumis les servitudes à la transcription, n'a entendu l'imposer qu'aux servitudes conventionnelles, à celles résultant du fait de l'homme, que les tiers ne peuvent connaître que par la publicité de la transcription, — et non aux servitudes légales que tout le monde doit connaître par ce que nul n'est censé ignorer la loi, qui, en tout cas, apparaissent aux yeux : les tiers voient bien que la construction est adossée à l'immeuble voisin, ils n'ont qu'à se renseigner, à demander si la mitoyenneté est payée.

En outre, un argument de fait : pour transcrire, il faut un acte ; or, il y a un grand nombre de cas où le maître du mur n'aura pas d'acte, où, par suite, il lui sera impossible de transcrire.

(1) Trib. de la Seine, 25 février 1885, D. 85, 3, 54 ; Trib. de la Seine, 11 mars 1886. D. 89, 1, 324.

44. Un deuxième système (1) proclame, au contraire, que la transcription est nécessaire pour que l'action réelle puisse être exercée contre les tiers.

La loi du 23 mars 1855 a eu pour but de porter à la connaissance des tiers toutes créations de droits qui viendraient à être constitués sur un immeuble, ou toutes modifications de droits préexistants. Or, c'est bien là l'hypothèse qui donne naissance à l'action réelle au profit du maître du mur.

Peu importe, qu'il s'agisse d'un droit non textuellement prévu par le législateur ; peu importe aussi qu'il s'agisse d'une servitude légale. Sans doute, il n'y a pas à parler de la transcription de cette servitude, puisque son titre est dans la loi même ; mais il n'en est pas de même du droit réel engendré par l'exercice de cette servitude.

Le principe de la servitude n'a pas besoin d'être transcrit ; les conditions dans lesquelles elles vient à être exercée doivent, au contraire, l'être nécessairement (2).

On objecte l'impossibilité de transcrire dans certains cas.

Mais, sans compter que ces cas ne se présentent point dans le système qui ne fait acquérir la mitoyenneté au voisin que par une convention contenant cession, ou

(1) Paris, 25 novembre 1885, D. 86, 2, 189; Trib. de la Seine, 5e ch., 17 juin 1894; *L'Architecture*, 1894, p. 355.
(2) Note dans Dalloz, 1895, 1, 379.

par une sentence judiciaire, car alors il y aura toujours
un acte à transcrire, il faut observer, avec la Cour de
Paris (1), que cette impossibilité n'est que la conséquence de la négligence du maître du mur : « S'il est
vigilant de ses intérêts, il a toujours la possibilité de se
procurer, soit amiablement, soit judiciairement, un titre
susceptible de transcription. »

§ II

45. Telles sont les deux actions proposées pour permettre au maître du mur d'agir contre les tiers détenteurs, par les auteurs qui dénient à la cession forcée le
caractère d'une vente : l'action résolutoire de l'article
1184, — et une action réelle.

Ces deux actions sont-elles fondées juridiquement ?
Nous ne le croyons pas, même en se plaçant au point
de vue de ceux qui les ont imaginées ; et c'est ce que
nous allons essayer de démontrer.

Cette démonstration ruinera en fait, puisqu'elle lui
enlèvera les moyens d'atteindre les tiers détenteurs, la
théorie qui prétend ainsi voir dans la cession forcée une
mutation *sui generis* ; il nous faudra alors établir que
cette théorie n'est pas plus exacte en droit, qu'il est

_____

(1) Paris, 25 novembre, 1885, D. 86, 2, 189.

certain au contraire que la cession forcée doit être considérée comme une vente.

Ce point établi, nous en tirerons cette conséquence que le maître du mur a, pour se faire payer, le privilège de l'article 2101 § 3 sans qu'on puisse arguer, pour s'opposer à l'exercice de ce privilège, soit de l'impossibilité d'en user, soit de l'impossibilité de le conserver.

A. — 46. Aucune des deux actions que les partisans de la doctrine suivant laquelle la cession forcée ne serait qu'une mutation *sui generis* et non une vente, se sont évertués à accorder au maître du mur, ne nous paraît, avons-nous dit, avoir de base sérieuse au point de vue légal.

47. D'abord, l'*action résolutoire* de l'article 1184. — Cette action n'est en effet possible, l'article 1184 le dit formellement, que dans les contrats. Or, d'après le système même que nous combattons, il n'y a pas ici contrat, car un contrat ne se conçoit pas sans le consentement libre des deux parties; et les défenseurs de ce système sont les premiers à objecter qu'en notre matière, le consentement des parties n'est pas libre; c'est même pour cette raison, disent-ils, que la cession forcée n'est pas une vente.

Donc, il ne faut point songer à l'action résolutoire de l'article 1184 pour atteindre les tiers.

48. L'*action réelle* que l'on accorde au maître du mur à cet effet se justifie-t-elle davantage ? Aucunement, quel que soit le droit dont on prétende la faire découler, que ce soit de la servitude légale de mitoyenneté, ou que ce soit d'un droit réel innomé.

49. Parle-t-on de la servitude légale de mitoyenneté ? Mais, ainsi que l'a signalé excellemment M. Courtois (1), c'est faire alors une étrange confusion : « La servitude de mitoyenneté consiste dans l'obligation où se trouve le propriétaire d'un mur d'en céder la mitoyenneté. Elle prend naissance au moment où le mur est construit, et elle cesse d'exister précisément le jour où intervient le fait ou l'acte qui, suivant la théorie que nous combattons, l'engendrerait, la constituerait. Ce qui prend naissance à l'instant où le mur devient mitoyen, c'est une obligation en sens contraire de celle qui constituait la servitude, l'obligation pour le voisin de payer le prix de cette mitoyenneté. » Quand naît cette obligation, la servitude meurt ; comment la servitude, qui n'est plus, servirait-elle de cause à une action dont l'unique objet est d'assurer l'exécution d'une obligation qui commence ? Il ne saurait donc être question d'action réelle fondée sur cette servitude disparue.

50. Objecte-t-on qu'il y a, tout au moins, un droit réel innomé ? Mais encore faudrait-il le prouver, ce

_____

(1) *Le Droit*, 5 novembre 1887.

qu'on ne fait pas. Il ne suffit point de dire « que l'obligation de payer le prix de la mitoyenneté est attachée aux héritages qu'elle concerne, qu'elle les suit en conséquence en quelques mains qu'il passe » (1).

On ne fait ainsi que tirer les déductions du principe qu'on a posé, mais sans justifier ce principe. Il faudrait pourtant le faire, car il constitue une dérogation aux règles générales de notre législation suivant laquelle, en dehors toutefois des conventions des parties (2), il n'y a de droits réels que ceux qui résultent d'un texte (3).

Or, les seuls droits réels reconnus par les textes sont : la propriété, les droits de jouissance (usufruit, usage, habitation, et aussi, tout au moins d'après la jurisprudence, l'emphytéose), les servitudes (art. 543) et l'hypothèque (art. 2114).

De même, quand les tribunaux s'accordaient (4), avant l'arrêt de la Cour de cassation du 8 janvier 1895 (5), à reconnaître au profit de la Ville de Paris un droit réel contre les tiers détenteurs en paiement de la taxe de pavage, ils ne le décidaient ainsi que parce que, à leur

______

(1) Trib. de la Seine, 25 février 1885, D. 85, 3, 54.

(2) V. Laurent, *op. cit.*, VI, 84. Contrà, Demolombe, *Distinction des biens*, II, 513.

(3) Aubry et Rau, *Cours de Droit civil français*, II, § 172.

(4) Paris, 4 mars 1852, D. 54, 5, 558; Paris, 14 décembre 1871, *Le Droit* du 21 décembre 1871 ; Paris, 4 juillet 1879, *Gazette des Tribunaux* du 13 juillet 1879 ; Paris, 23 janvier 1882; *Le Droit*, 14 mars 1882.

(5) Dalloz, 1895, 1, 377.

avis, le droit réel résultait d'un texte exprès, l'édit de décembre 1607, art. 12, portant que, lorsque les frais de viabilité ont été avancés par le grand voyer, le remboursement en est dû par les propriétaires ou « les détempteurs » des maisons.

Mais, en notre matière, il n'y a aucun texte analogue. Invoquera-t-on l'article 661 ? Il se borne à dire que « tout propriétaire joignant un mur a la faculté de le rendre mitoyen en remboursant au maître du mur la valeur, etc. ».

« Ces derniers mots doivent manifestement être traduits comme s'il y avait : à la charge *par ce propriétaire* de rembourser, sans qu'on puisse y ajouter, ainsi que l'a fait l'édit de 1607, ceux : *ou par tout détenteur*. Le texte de cet article ne se prête donc, en aucune façon, à une interprétation qui transforme en une charge réelle pesant directement sur l'immeuble au profit duquel la mitoyenneté a été acquise, une créance de somme d'argent qui, par sa nature, n'est et ne peut être que personnelle, comme toute créance portant sur une chose de quantité. Le législateur a laissé cette charge dans le droit commun relatif à la classification des droits réels et des droits personnels (1) ».

Conclusion : Le maître du mur n'a pas d'action réelle contre les tiers détenteurs.

____

(1) Brésillion, note dans Dalloz, 89, 1, 323, col. 2.

B. 51. Donc, le système qui refuse le caractère de vente à la cession forcée est impuissant à fournir au maître du mur un recours quelconque contre le tiers détenteur : c'est là, évidemment, une raison pour ne l'admettre que s'il est fondé, en droit, d'une indiscutable façon.

Or, à cet égard, il ne nous paraît point résister à un sérieux examen ; il a contre lui non seulement la théorie générale adoptée par le Code en matière de vente, mais encore les précédents historiques.

Que faut-il, en effet, pour qu'il y ait vente, dans notre législation moderne ? Une chose vendue et un prix : ce sont là les deux éléments essentiels du contrat.

Ces deux éléments se rencontrent-ils ici ?

Une chose vendue ? C'est la copropriété du mur.

Un prix ? C'est la valeur de cette copropriété que le voisin doit payer au cédant. La circonstance que l'indemnité qui forme le prix de cession ne serait pas encore payée, est indifférente. Il y a vente dès que la fixation du prix n'est pas abandonnée à la volonté discrétionnaire de l'une ou l'autre des parties. Elle peut, aux termes de l'article 1592, être laissée à l'arbitrage d'un tiers, et, en matière de mitoyenneté, ce tiers devant être désigné par le juge, si les deux voisins ne s'entendent pas sur un choix, le lien de droit existe, dès lors, entre eux, aussi bien qu'entre le vendeur et l'acheteur dont parle la disposition précitée.

Pourquoi donc n'y aurait-il point vente, alors que nous en trouvons les deux éléments réunis ?

Parce que, disent les partisans de la théorie opposée, le consentement libre des parties n'existe pas en notre matière par suite de l'obligation que l'article 661 impose au maître du mur d'en céder la mitoyenneté, et que, cependant, ce consentement libre des parties est absolument indispensable pour qu'il y ait vente.

Mais cette dernière affirmation est manifestement une erreur : pour nous borner à cet exemple, est-ce que les aliénations sur saisie-immobilière ne sont pas des ventes ? Est-ce que le législateur lui-même ne les qualifie pas, à maintes reprises, du nom de vente ? (Voir notamment art. 1649, Code civil). Et cependant, ce sont, au premier chef, des aliénations forcées.

Il importe donc peu, pour qu'il y ait vente, que le vendeur y ait librement consenti ; il suffit qu'il y ait mutation de propriété d'une chose contre un prix. Tel est bien le cas de la cession forcée de l'article 661. C'est donc une vente.

53. Aussi bien, est-ce toujours ainsi qu'on l'a considérée. Dès le XIVe siècle, l'auteur du grand Coutumier de Charles VI, Jacques d'Albleige, lui donnait déjà cette qualification (1).

Plus tard, Ferrière, commentant l'article 194 de la Coutume de Paris (2), s'exprimait en ces termes : « ce-

(1) Liv. XI, ch. 38, p. 356, édit. Laboulaye-Dareste.
(2) II, p. 613.

lui qui se rend un mur commun n'est obligé *d'acheter* de ce mur, etc... ».

Bourjon disait de même, dans un passage déjà cité (1) : « Le bien public, qui est la loi suprême, a conduit nécessairement à rendre une telle *vente* forcée ».

Pothier, enfin, dans son second appendice au traité des Sociétés, reproduit à plusieurs reprises la même idée, notamment au paragraphe 247 ainsi conçu : « C'est encore une obligation que forme le voisinage, que, quoique régulièrement personne ne soit obligé de vendre, soit pour le tout, soit pour partie, une chose qui lui appartient, néanmoins le propriétaire d'un mur contigu à l'héritage de son voisin est tenu, si ce voisin souhaite bâtir contre ce mur, de lui en *vendre* la communauté suivant l'estimation qui en sera faite ».

La cession forcée était donc une vente aux yeux de nos auteurs coutumiers, et cette considération a d'autant plus de poids, dans l'espèce, que, de l'aveu même des rédacteurs du Code (2) toute notre matière est d'origine coutumière et non romaine.

C'est donc un motif de plus pour soutenir que, quoi qu'on en ait dit, la cession de mitoyenneté opérée en vertu de l'article 661 du Code civil est bien une véritable vente (3).

(1) *Droit commun de la France*, liv. IV, tit. 1, ch. 9.
(2) Berlier, *Exposé des motifs*, 11, Locré IV, p. 180.
(3) Le Courtois, *France judiciaire*, 1886, p. 285 et 1889 p. 197; Labbé, note dans Sirey, 86, 2, 25 et 89, 1, 401 ; Brésillion, note dans Dalloz, 89, 1, 321.

C. 54. Si, comme nous venons de le démontrer, la cession de mitoyenneté est une vente, il s'ensuit tout naturellement que le cédant a, pour recouvrer le prix de la mitoyenneté, les garanties données au vendeur non payé, c'est-à-dire notamment :

Le privilège de l'article 2103 § 1, qui lui permet, grâce au droit de suite et au droit de préférence y attachés, non seulement d'atteindre les tiers détenteurs, mais encore de se faire payer, avant tous autres créanciers du cessionnaire, sur le prix de la mitoyenneté (1).

L'action résolutoire de l'article 1654, au moyen de laquelle, à défaut de paiement, il peut faire résoudre la cession, redevenir ainsi propriétaire exclusif du mur et exercer, en conséquence, l'action en revendication contre tous les tiers détenteurs (2).

55. On a cependant contesté l'une et l'autre de ces conséquences. Sans doute, a-t-on dit, la cession de mitoyenneté doit être, en principe, considérée comme une vente ; mais il y a certaines règles de la vente qui, cependant, par la force des choses, ou à raison des formalités prescrites par le législateur, ne peuvent lui être étendues ; c'est ainsi qu'on ne saurait assujettir le cédant à la garantie des vices cachés (3).

(1) Bordeaux, 21 avril 1890, D. 92, 2, 432.

(2) Besançon, 12 mars 1890, D. 91, 2, 95 ; Trib. de la Seine, 26 avril 1890, *Le Droit* 2 et 3 juin 1890 ; 4 février 1890, *Le Droit* 16-17 mai 1890 ; 4 mai 1890 ; *Le Droit* 20 et 21 mai 1890 et la note ; Voir *l'Architecture* 1893 p. 478.

(3) Cass. 17 février 1864, D. 64, 1, 87.

De même, le privilège et l'action résolutoire qui appartiennent en général à tout vendeur, ne peuvent être exercés par le cédant de mitoyenneté, — l'action résolutoire, parce que aux termes de l'article 7 de la loi du 23 mars 1855, son existence est liée à celle du privilège, — le privilège, parce qu'en matière de cession de mitoyenneté, il y a impossibilité absolue soit d'en user, soit de le conserver.

D'où vient cette impossibilité ? Est-elle réelle ? Telle est donc la question qu'il nous faut maintenant examiner. Si nous établissons que cette impossibilité n'existe pas, nous aurons par là même démontré que rien ne s'oppose à l'exercice, par le cédant, soit du privilège même, soit de l'action en résolution qui, dit-on, ne peut survivre au privilège.

Trois motifs ont été invoqués pour prouver que le cédant de la mitoyenneté ne peut user du privilège du vendeur.

56. I. Le premier, c'est que la co-propriété mitoyenne d'un mur n'est pas susceptible d'affectation privilégiée ou hypothécaire (1).

Voici, d'après M. Brésillion (2), comment se formule cette première partie de l'argumentation :

« La qualité de créancier privilégié sur un immeuble ou celle de créancier hypothécaire ne se conçoit que chez un créancier qui y puise le pouvoir de poursuivre,

(1) Paris, 14 juin 1888, D. 89, 2, 245.
(2) Note dans Dalloz, 1889, 1, 327, col. 1.

en la même qualité, l'expropriation de la *chose* affectée
à sa créance, soit sur le débiteur, s'il l'a gardée dans
son patrimoine, soit sur un tiers détenteur, si le débiteur l'a aliénée. Le créancier investi du droit de préférence dérivant d'un privilège ou d'une hypothèque ne
peut, en effet, l'exercer que sur le *prix* de son gage.
Il faut, dès lors, qu'il lui soit possible d'en provoquer
la réalisation. Son droit de préférence est ainsi subordonné à son droit d'expropriation. Or, un mur mitoyen,
envisagé en lui-même et séparément de l'immeuble où
il a été incorporé, n'est pas susceptible d'expropriation.
Il ne saurait donc être grevé d'une affectation spéciale
qui ne serait sanctionnée par aucune voie d'exécution ».

57. Cette objection est loin d'être insurmontable.

Il faut remarquer d'abord que, même en adoptant
son point de départ, elle ne porte pas dans le cas où le
droit de mitoyenneté cédé est demeuré dans le patrimoine du cessionnaire.

En effet, le cédant est créancier personnel de ce dernier, et comme tel, s'il n'est point payé, il peut faire
procéder à la vente sur saisie de tous les biens qui lui
appartiennent, notamment de l'immeuble auquel est in-
corporée la mitoyenneté. La vente faite, une ventilation
sera opérée sur le prix de cette vente, à l'effet de déterminer quelle somme représente la valeur de la mitoyenneté ; sur cette somme, le cédant exercera son privilège et viendra par préférence à tous autres créanciers
du cessionnaire.

58. Mais il faut aller plus loin, et saper la base même de l'objection : le but final du privilège, celui auquel il doit tendre, ce n'est point, comme on dit, d'arriver à l'expropriation ; c'est de permettre au créancier privilégié de se faire payer, et ce, par préférence. Or, n'est-il pas vrai que, même une fois le droit de mitoyenneté passé entre les mains d'un tiers, il y a une foule de circonstances où, sans avoir eu à exercer le droit de suite, le cédant de mitoyenneté pourra se faire payer par privilège ?

Il en sera ainsi toutes les fois que le prix de la vente se trouvera réalisé et faire l'objet d'un ordre, — que ce soit parce que le tiers acquéreur aura cru devoir opérer une purge à la suite d'une aliénation volontaire, — que ce soit parce qu'il y aura eu aliénation forcée sur les poursuites d'un créancier.

Il n'est pas jusqu'au cédant de la mitoyenneté lui-même qui, indirectement il est vrai, ne puisse arriver à ce résultat : il n'aura qu'à menacer le tiers détenteur d'une action en résolution, il créera ainsi une éventualité d'éviction que ce dernier « aura à prévenir, vis-à-vis du cédant aussi bien qu'à l'égard des créanciers inscrits sur l'immeuble dont dépendait le mur rendu mitoyen, par une purge hypothécaire, purge où, conformément à l'opinion admise quant à ces créanciers (1), la somme offerte sera, en cas d'insuffisance, fixée par

(1) Dalloz, *Jur. gén.* Vᵒ *Privilèges et Hypothèques*, nᵒ 775.

une expertise qui suppléera à l'impossibilité d'une réquisition de surenchère (1).

59. II. La seconde raison pour laquelle il serait impossible au cédant de mitoyenneté d'exercer le privilège de l'article 2103, et, par conséquent, l'action résolutoire dont le sort est lié au sien, c'est, dit-on, que le privilège, pour être opposable aux tiers, doit avoir été conservé au moyen de la transcription de l'acte de vente, transcription qui ne se conçoit que si elle est utile à l'acheteur. Or, en notre matière, l'inutilité, pour le cessionnaire, est évidente : à quoi bon faire connaître l'établissement d'un droit de mitoyenneté aux ayant-droit ultérieurs de l'ancien maître du mur, puisque, par la nature même des choses, cette mitoyenneté ne peut être cédée à aucun autre qu'au propriétaire joignant le mur ?

60. A cette seconde objection, nous pourrions d'abord répondre qu'une inscription prise par le cédant peut suppléer au défaut de transcription. Mais nous répondrons, en outre, que c'est une erreur manifeste de sou-

---

(1) Brésillion, note dans Dalloz, 1889, 1, 329, col. 1. Il y a lieu d'ajouter que les hypothèques qui grevaient l'immeuble du vendeur continuent, après leur radiation sur cet immeuble, à grever la partie mitoyenne du mur de l'immeuble contigu. En ce sens, trib. de la Seine, 18 janvier 1892, *Le Droit*, 13-14 juin 1892 ; 17 mai 1893, *Le Droit*, 3-4 juillet 1893 ; 5 juin 1893, *Le Droit*, 13 juillet 1893 ; *Contrà* Seine, 5 mars 1892, *Le Droit* 19 mars 1892 ; 21 mai 1892, *Le Droit*, 13-14 juin 1892 ; Tribunal de Nancy, 3 février 1896, *Gazette du Palais*, 18 mars 1896 ; Voir aussi *l'Architecture* 1893, p. 478.

tenir que la transcription est inutile au cessionnaire. Il lui est, au contraire, nécessaire de la faire opérer, qu'on se place au point de vue de l'article 2108 ou de la loi du 23 Mars 1855.

61. Ne considère-t-on que l'article 2108 pour lequel la transcription n'apparaissait obligatoire que comme préliminaire de purge ? Il y a intérêt pour le cessionnaire à y faire procéder, puisque, dans certains cas, notamment dans le cas de l'action résolutoire, il y a lieu, pour lui, de purger afin d'éviter une éviction.

62. Envisage-t-on l'application de la loi du 23 mars 1855 ? Sans doute le cessionnaire de mitoyenneté n'a pas intérêt à faire transcrire pour consolider son acquisition vis-à-vis des cessionnaires ultérieurs de cette mitoyenneté ; mais en est-il de même vis-à-vis des acquéreurs ultérieurs de l'immeuble dont le mur, devenu mitoyen, était autrefois la dépendance exclusive ? Est-ce que ces acquéreurs ne seraient pas admis à prétendre que, faute par le cessionnaire d'avoir fait transcrire la cession de mitoyenneté, cette cession ne leur est pas opposable, que, par suite, s'ils ont fait transcrire avant lui leur contrat d'acquisition, le mur est toujours censé leur appartenir exclusivement ?

63. Aussi bien, la loi du 23 mars 1855 n'a nullement entendu dispenser l'acheteur de faire transcrire son acte d'acquisition par cela seul qu'il n'aurait à craindre aucun acte de disposition ultérieure de la chose qui lui a été cédée.

Et la preuve résulte expressément de l'art. 2 de cette loi qui veut que les actes constitutifs de servitude soient transcrits. Il est pourtant bien certain que, pas plus qu'un droit de mitoyenneté, les servitudes ne peuvent, si on les prend isolément, être cédées à d'autres qu'au propriétaire contigu.

Donc, même au point de vue de la loi du 23 mars 1855, il y a utilité, nécessité même pour le cessionnaire à faire transcrire.

64. III. Voici enfin le troisième et dernier argument qu'on a invoqué pour prétendre que le cédant de mitoyenneté ne pouvait prétendre au privilège du vendeur, ni, par suite, à l'action résolutoire : il y a de nombreuses circonstances où la formalité de la transcription, nécessaire, on vient de le voir, pour la conservation du privilège, serait matériellement impossible à accomplir. Pour faire transcrire, en effet, il faut avoir un acte, un titre, dont copie puisse être faite sur les registres du Conservateur des hypothèques. Toutes les fois donc qu'il ne sera pas intervenu entre les parties de convention ou de sentence judiciaire, le cédant sera dans l'impossibilité d'opérer la transcription, et, par suite, il ne pourra exercer son privilège.

65. Nous ferons, à cet égard, une double observation.

D'abord, il est enseigné par tous les auteurs, et cela résulte même implicitement de la loi du 23 mars 1855, qu'à défaut de titre à faire transcrire, on peut procéder par voie de simple inscription, produire au conservateur un bordereau de la créance à conserver.

Ainsi en est-il notamment pour le privilège de séparation des patrimoines (1).

En outre, cette objection ne s'adresse qu'à ceux d'après lesquels la mitoyenneté est acquise au cessionnaire par le fait seul de l'utilisation du mur ; elle ne porte point lorsqu'on admet avec nous que la cession ne s'opère que lorsqu'il est intervenu entre les parties soit une convention, soit une sentence judiciaire équivalente ; alors, en effet, il y a toujours un titre à faire transcrire.

(1) Cass., 2 février 1885, D. 85, 1, 286.

—

DE LA DÉMOLITION ET DE LA RECONSTRUCTION DU MUR MITOYEN

—

66. Ce n'est pas seulement aux propriétaires des deux immeubles séparés par le mur mitoyen que la démolition et la reconstruction de ce mur vont causer des ennuis et des frais ; c'est aussi à ceux qui habitent ces immeubles à titre de locataires : leurs appartements vont se trouver ouverts ; ils ne vont plus pouvoir y demeurer, ou, tout au moins, ils vont y être exposés au froid, à l'humidité, etc..., sans compter la gêne des travaux en eux-mêmes, le bruit, la poussière des décombres et, s'ils sont commerçants, les obstacles apportés à leur commerce par suite des étaiements, des dépôts de matériaux, etc.

Il y a donc lieu d'envisager la démolition et la reconstruction du mur mitoyen, non seulement dans les rapports des propriétaires voisins entre eux, mais encore dans les rapports des propriétaires avec leurs locataires.

C'est ce que nous allons faire dans deux chapitres successifs.

CHAPITRE PREMIER

RAPPORTS DES PROPRIÉTAIRES VOISINS ENTRE EUX.

67. Trois questions doivent être examinées à cet égard :

Dans quelles circonstances peut-il être procédé à la démolition et à la reconstruction du mur mitoyen ?

De quelle façon ?

Quelles en sont les conséquences ?

SECTION PREMIÈRE

DANS QUELLES CIRCONSTANCES PEUT-IL ÊTRE PROCÉDÉ A LA DÉMOLITION ET A LA RECONSTRUCTION DU MUR MITOYEN.

68. Il est évident qu'il ne s'agit pas ici du cas où les deux propriétaires sont d'accord pour démolir et reconstruire le mur. Aucune difficulté n'existe alors, leur volonté est toute puissante.

Ce que nous nous demandons, c'est dans quelles circonstances l'un de ces deux propriétaires peut, sans le consentement de l'autre, faire procéder à cette démolition et à cette reconstruction.

Il nous faut, pour répondre à cette question, rappeler en quelques mots les règles générales de la matière.

69. En principe, le propriétaire exclusif d'un objet a le droit d'en disposer comme il l'entend (art. 544) ; il peut même le détruire, s'il lui plaît, sans que personne puisse s'y opposer.

Il n'en est pas de même de celui qui, au lieu d'avoir la propriété exclusive d'un objet, n'en a que la copropriété avec d'autres ; son droit est alors limité par le droit égal et réciproque de ses copropriétaires.

Sans doute, il peut user de la chose conformément à sa destination ; encore est-ce à condition de ne pas empêcher ses consorts d'en user également selon leur droit.

Mais il ne peut aucunement en disposer, ni la modifier, ni y apporter aucune innovation quelconque, sans avoir le consentement de tous les intéressés. Il suffit qu'un seul s'y oppose pour qu'il ne puisse agir : *melior est causa prohibentis* (1).

70. Il n'y a qu'un seul cas où il puisse passer outre, c'est quand l'intérêt commun l'exige ; alors il peut contraindre les autres communistes à consentir aux modifications que nécessite l'état de la chose même ; mais il faut que tel soit bien l'intérêt commun ; il ne suffirait point que ce fût son intérêt personnel, ou surtout qu'il ne s'agît que d'un pur caprice de sa part.

Ces principes, qui sont ceux de la copropriété en général, sont-ils aussi ceux de la copropriété spéciale

____

(1) Sur tous ces points voir Aubry et Rau, II, § 221.

qu'on appelle la mitoyenneté ? Spécialement sont-ils applicables lorsqu'on se demande si l'un des voisins a toujours le droit de faire procéder à la démolition et à la reconstruction du mur mitoyen ?

71. La règle générale nous paraît toujours être la même : il n'est pas vrai que l'un des copropriétaires puisse, d'une façon absolue, comme s'il en était le propriétaire exclusif, détruire le mur mitoyen pour le reconstruire, et ce, sans raison, par cela seul qu'il lui plairait ainsi. Car il est communiste, et comme tel, il n'a point la disposition pleine et entière de la chose commune.

Seulement, à cette règle générale il doit être apporté deux exceptions qui en restreignent singulièrement la portée.

72. La première, nous la connaissons déjà, c'est celle que nous avons reconnue exister, quelle que soit l'espèce de copropriété : lorsque l'état même du mur l'exige, chacun des voisins a le droit de demander qu'il soit démoli pour être reconstruit.

Quand doit-on dire que l'état du mur exige sa démolition et sa reconstruction ?

C'est là évidemment une question de fait, laissée tout entière à l'appréciation des gens de l'art.

Il est certain qu'il n'est point nécessaire que le mur soit déjà tombé.

Il ne suffit pas, à l'inverse, qu'il soit délabré, en mauvais état, ou qu'il soit défectueux, mal construit, si d'ailleurs, malgré ce mauvais état ou ces défauts de construction, il peut encore durer (1).

Il faut qu'il menace ruine (2).

L'appréciation, au surplus, est différente, comme le font remarquer MM. Frémy, Ligneville et Perriquet (3), suivant qu'il s'agit d'un mur de bâtiment ou d'un simple mur de clôture.

« En règle générale, les murs qui supportent des édifices doivent être démolis et reconstruits quand ils sont hors de leur aplomb de plus de la moitié de leur épaisseur.

« Les murs de clôture peuvent être conservés tant que leur déversement ne menace pas d'une ruine prochaine, surtout à la campagne et loin des habitations ».

73. Le second cas, où l'un des copropriétaires peut détruire le mur mitoyen pour le reconstruire, c'est lorsque l'utilisation qu'il projette de faire de ce mur l'exige ainsi.

C'est là une très grave dérogation aux principes que nous avons indiqués comme étant ceux de la co propriété en général, puisque alors ce n'est point l'intérêt

---

(1) Trib. de la Seine, 15 décembre 1871 et Paris 19 mars 1873, D. 76, 2, 4; Trib. de la Seine, 18 juin 1890; *l'Architecture,* 1890, p. 520.

(2) On trouvera décrite la « physionomie » de plusieurs murs litigieux, insuffisants pour la sécurité des deux propriétés contiguës, soit construits en matériaux de mauvaise qualité, soit déversés et hors d'aplomb, soit ne reposant pas sur le bon sol, soit n'ayant pas l'épaisseur réglementaire de cinquante centimètres, dans la *Gazette des Architectes,* 1877 : M. J. Périn, *Lettres sur la Mitoyenneté,* p. 109.

(3) *Traité de la Législation des Bâtiments,* II, 524.

de tous les communistes qui est en jeu, mais l'intérêt personnel d'un seul d'entre eux.

Elle est cependant certaine, car elle résulte d'un texte formel, de l'article 659 du Code civil, qui donne en effet, à celui des voisins qui veut exhausser le mur mitoyen, le droit de le reconstruire s'il n'est pas suffisant pour supporter l'exhaussement.

Sans doute, cet article ne parle que du cas où il s'agit d'exhaussement, mais il n'est pas douteux qu'il faille l'étendre à toute hypothèse, quelle qu'elle soit, où, pour utiliser le mur suivant sa destination, il y a lieu de le reconstruire. Il y a un *a fortiori* dans ce sens, car ce n'est pas la destination normale d'un mur d'être exhaussé ; il n'est point fait pour cela ; on aurait pu comprendre par suite, à la rigueur, que le législateur n'eût point permis de le démolir dans ce simple but ; mais, par cela même qu'il l'a fait, il a, du même coup, autorisé cette démolition, à plus forte raison, pour le cas où ce qu'on cherche en le reconstruisant, c'est s'en servir suivant l'usage auquel il est naturellement appelé, notamment pour y appuyer des constructions ; car, suivant l'expression de Pothier (1), pourquoi fait-on un mur mitoyen, sinon pour « appuyer contre, les choses qu'on juge à propos d'y appuyer, et notamment les bâtiments et édifices qu'on juge à propos de construire contre » ?

____

(1) *De la Société*, 207.

Ainsi donc, l'un des voisins peut faire démolir et reconstruire le mur mitoyen si cette double opération est utile pour l'usage qu'il en veut faire — non seulement parce qu'il veut l'exhausser — mais aussi parce que, par exemple, il veut « construire contre ».

74. Il ne suffira point cependant qu'il déclare vouloir exhausser ou bâtir pour qu'il soit autorisé à faire procéder à la démolition ; il faudra qu'il démontre encore que le mur, tel qu'il existe à l'heure actuelle, n'est pas en état de supporter l'exhaussement et les nouvelles constructions. L'article 659 le dit expressément pour l'exhaussement ; nul doute qu'on ne doive le décider également pour les nouvelles constructions. C'est que, en effet, bien que les frais de la reconstruction et de la démolition doivent être à la charge de celui qui veut exhausser ou bâtir, il n'en est pas moins vrai que ces démolition et reconstruction entraîneront, en tous cas, pour l'autre copropriétaire, un préjudice considérable dont il ne sera pas indemnisé ; et c'est, par suite, son intérêt de s'y opposer, tant qu'elles ne paraissent pas inévitables, de soutenir, par exemple, qu'il suffirait, pour asseoir les nouveaux bâtiments, de donner au mur existant un excédent d'épaisseur.

75. Mais, une fois cette preuve faite que le mur est insuffisant, soit pour l'exhaussement, soit pour les constructions qu'il projette, le voisin est en droit d'exiger la démolition et la reconstruction. Il n'y a pas à rechercher si cet exhaussement ou ces bâtiments lui seront utiles en eux-mêmes.

76. Le contraire a cependant été soutenu en ce qui concerne, du moins, l'exhaussement (1).

On a dit qu'il ne suffisait pas au copropriétaire de déclarer son intention d'exhausser, qu'il lui fallait encore justifier de l'intérêt qu'il avait à le faire. Sans doute il n'est pas nécessaire que ce soit pour bâtir, l'exhaussement peut avoir un autre objet, par exemple empêcher les vues que le voisin a sur une maison. Mais encore faut-il qu'il ait pour celui qui veut y procéder une utilité quelconque, qu'il ne soit pas uniquement inspiré par le désir de nuire à ce voisin, lui enlever par exemple l'air et la lumière sans aucun profit pour le constructeur.

En ce sens, on invoque d'abord la maxime : « *Malitiis non est indulgendum* », il n'est point permis de faire le mal pour le mal, de nuire au voisin pour le plaisir de lui nuire, sans utilité pour soi-même.

On ajoute (2) que la règle est, en matière de communauté, que l'un des copropriétaires ne peut pas pratiquer d'innovation sans le consentement des autres ; et, si on y a fait une exception en matière de mitoyenneté, c'est évidemment à la condition que l'entreprise faite par l'un des voisins aura pour but son propre

______

(1) Demolombe, I, 398 ; Aubry et Rau, II, § 222, p. 426 ; Laurent, VII. 555 ; Flandin, *Revue critique*, XXV, p. 17.

(2) Demolombe, I, 398.

intérêt et ne sera pas inspirée par l'envie de nuire.

Pothier, dit-on d'ailleurs, pensait déjà ainsi (1):
« Si l'élévation du mur et l'obscurité qu'elle cause à la maison voisine étaient si grandes qu'elles rendissent cette maison inhabitable, surtout s'il y avait lieu de croire que cette élévation se faisait *animo nocendi*, il pourrait y avoir lieu à réduire cette élévation; et c'est apparemment l'espèce de l'arrêt de 1639, rapportée par Desgodets qni fit réduire l'élévation. »

77. Mais la doctrine contraire, adoptée par la Cour de cassation (2), nous paraît préférable.

La Cour de cassation ne met, en effet, aucune restriction au droit qu'elle accorde au copropriétaire mitoyen d'exhausser le mur : de quel droit l'interprète, se faisant législateur, viendrait-il donc lui imposer des limites? Celui qui use d'une faculté à lui accordée est seul juge de l'intérêt qu'il peut avoir à le faire ; il n'y a pas à lui en demander compte.

On objecte la maxime; « *Malitiis non est indulgendum* »; mais celui qui fait ce que la loi lui permet est réputé ne pas commettre de faute, quelque préjudice qui en puisse résulter pour autrui.

On objecte encore qu'en matière de communauté, l'un des communistes ne peut nuire aux autres sans avantage pour lui-même. Sans doute, mais la question est de savoir si, précisément, en notre matière, le lé-

(1) *Op. cit.*, 212.
(2) Cass., 11 avril 1864, D. 64, 1, 219.

gislateur n'a pas entendu déroger à cette règle, ou si, tout au moins, il n'a pas prétendu poser en principe que l'exhaussement devait être présumé toujours de l'intérêt de celui qui le demande, sans qu'on ait à se demander les secrets motifs qui le font agir.

Enfin, on prétend tirer argument d'un passage de Pothier sur ce qui était admis à cet égard dans l'ancien Droit. Mais voici comment s'exprimait en cette matière un des commentateurs les plus autorisés de nos coutumes (1) au point de vue de tout ce qui concerne la législation sur les constructions ; « C'est aux propriétaires qui bâtissent à prévoir ces exhaussements et à disposer leurs bâtiments de manière qu'ils ne puissent jamais être entièrement obscurcis, soit que leur voisin veuille bâtir ou élever les murs de clôture qui les séparent... On dira qu'une loi est bien dure qui permet à un propriétaire de nuire à son voisin, de lui faire souvent un tort considérable sans en tirer un grand profit, et quelquefois pour le seul plaisir de lui nuire ; que la disposition des bâtiments d'un voisin souvent détermine celle de ceux qu'on veut construire pour se donner réciproquement de la lumière, et qu'il est bien triste qu'une mauvaise humeur suffise pour déranger cet avantage réciproque. L'on en convient ; mais la loi ne peut parer à tout ; elle s'est attachée principalement à conserver en son entier la propriété des héritages qui

_____

(1) Goupi, sur Desgodets, *Lois des bâtiments*, édit. de 1787, p. 178, à la note.

serait limitée sans cette faculté accordée par cet article de la coutume ».

On ne saurait, encore aujourd'hui, justifier ou tout au moins expliquer en meilleurs termes le caractère absolu du droit que la loi accorde à l'un des copropriétaires d'exhausser. Tenons donc pour certain qu'il n'a pas à dire pourquoi il veut exhausser, qu'il peut, sans motif, faire procéder à cet exhaussement, et, par suite, si cela est nécessaire, faire démolir et reconstruire le mur mitoyen pour y parvenir.

SECTION II

DE QUELLE FAÇON DOIT-IL ÊTRE PROCÉDÉ A LA DÉMOLITION ET A LA RECONSTRUCTION DU MUR MITOYEN.

78. Sur ce point, nous rechercherons d'abord comment il doit être procédé aux divers travaux nécessaires, puis de quelle qualité et de quelles dimensions doit être le mur reconstruit.

§ I. — Comment doit-il être procédé aux divers travaux nécessaires.

79. Ce sont des travaux gros de périlleuses conséquences, que ceux de démolition et de reconstruction d'un mur mitoyen. Aussi celui qui en prend l'initiative ne saurait-il, en fait, recourir à trop de précautions ; c'est son intérêt même qui l'exige.

S'il est prudent, donc, à défaut d'accord avec les autres copropriétaires, il provoquera la nomination d'un ou plusieurs experts : il n'aura à cet effet qu'à s'adresser soit au Tribunal, soit même, parce qu'il y aura urgence, au juge des référés (art. 806 Code de Proc. civ.) ; c'est cette dernière façon de procéder qui, pratiquement, est universellement suivie à Paris.

L'expert, une fois nommé, constatera l'état du mur en présence des parties ou elles dûment appelées ; puis notification sera faite au voisin du jour où commencera la démolition, de façon à ce que celui-ci avise, en conséquence, à toutes mesures qu'il jugera utiles, par exemple, prenne le soin de débarrasser la cloison à abattre des objets qui peuvent y être accrochés.

Les travaux seront exécutés soit sous les ordres, soit sous la simple surveillance de l'expert, suivant qu'il aura été décidé.

Ainsi agira notre constructeur, s'il est prévoyant ; et, à cela, il trouvera un double avantage :

— D'une part, il évitera toutes contestations sur l'état du mur ;

— De l'autre, il mettra sa responsabilité singulièrement à couvert, car la présence de l'expert, en même temps qu'elle diminuera les chances de faute dans l'exécution des travaux, lui ouvrirait, en tous cas, pour l'hypothèse où il viendrait à s'en produire, un recours en garantie contre cet expert.

Cette manière de procéder, si utile, comme on le voit, pour le constructeur, n'est-elle pas aussi celle qui lui impose la loi ?

C'est ce que nous allons maintenant examiner, en nous demandant par qui, au point de vue légal, doivent être déterminés les travaux à faire ; quand ils peuvent être commencés ; suivant quelles règles ils doivent être menés.

A.

Par qui doivent être indiqués les travaux à faire.

80. Si l'on en croyait certains auteurs (1), ce ne serait pas seulement une mesure de prudence que prendrait le constructeur en faisant nommer un expert pour indiquer les travaux à faire ; il ne ferait, en agissant ainsi, que se conformer aux obligations à lui imposées par la loi.

Ces auteurs prétendent, en effet, étendre à notre hypothèse les dispositions de l'article 662, aux termes duquel « l'un des voisins ne peut pratiquer dans le corps d'un mur mitoyen aucun enfoncement, ni y pratiquer ou appuyer aucun ouvrage sans le consentement de

______

(1) Demolombe, I, 446; Aubry et Rau, II, § 222, note 32.

l'autre, ou sans avoir, à son refus, fait régler par experts les moyens nécessaires pour que le nouvel ouvrage ne soit pas nuisible aux droits de l'autre. »

Sans doute, disent les partisans de cette opinion, l'article 662 ne s'applique pas textuellement au cas qui nous préoccupe ; il ne statue que pour les enfoncements à pratiquer ou les ouvrages à appuyer. Mais, qui ne voit combien autrement graves sont la démolition et la reconstruction d'un mur ? Les précautions prescrites par le législateur n'en sont alors que plus nécessaires. Indépendamment de toute autre circonstance, il y a une faute de la part du constructeur, s'il n'a point le consentement de ses copropriétaires, à ne pas faire régler par experts les travaux à exécuter.

81. Mais il nous semble plus exact de décider, au contraire, avec la Cour de cassation (1), et avec M. Laurent (2), que la nomination d'un expert, si elle est, en fait, extrêmement utile, n'est pas, en droit, indispensable.

L'article 662 n'est pas général, en effet ; la preuve en est qu'il détaille lui-même les cas auxquels il s'applique ; il doit donc être limité à eux seuls, et ce serait tout à fait arbitrairement qu'on l'étendrait à d'autres, surtout à ceux qui ont été, dans d'autres articles, spécialement visés par le législateur, sans que ces articles imposent de semblables conditions ; ainsi en est-il no-

(1) 18 avril 1866, D. 66, 1, 336.
(2) VII, 551.

tamment pour l'hypothèse où la démolition est deman-
dée en vue d'un exhaussement : l'article 659 qui la
prévoit, ne subordonne nullement cette démolition à la
nécessité d'un règlement d'experts. Pourquoi dès lors
l'exiger ?

B

Quand peuvent être commencés les travaux.

82. Il y avait, dans la coutume de Paris, un article
203 ainsi conçu : « Les maçons ne peuvent toucher ni
faire toucher à un mur mitoyen sans y appeler les voisins qui y ont intérêt, par une simple signification seulement; et ce, à peine de tous dépens, dommages et intérêts, et rétablissement du dit mur. »

Cet article n'a pas été reproduit par le Code. Des auteurs (1) n'en ont pas moins soutenu qu'il était toujours
en vigueur, sous prétexte que c'était un règlement de
police, et que, d'après l'article 484 du Code pénal, les
anciens règlements de police restaient applicables dans
toutes les matières sur lesquelles n'a pas statué le législateur moderne.

Mais, à notre avis, c'est là une erreur : cet article
203 de la Coutume de Paris n'était pas un règlement de
police, car la sanction de son inobservation était non
pas une sanction pénale, mais une sanction d'ordre pu-

____

(1) Pardessus, I, 178; Delvincourt, I, p. 161, note 4.

rement civil, puisqu'il condamnait non à une amende, mais à des dommages et intérêts. Il ne faisait donc que créer une faute civile, ce qu'on appelle un délit ou un quasi-délit civil, découlant non point de l'application des principes généraux, mais uniquement de son texte même. Or, ce texte a été abrogé comme toutes les lois civiles anciennes (Loi 30 ventôse an XII, art. 7); il n'a point été remplacé, et, par conséquent, a disparu complètement avec lui l'obligation qu'il imposait aux maçons (1).

83. Mais, à défaut de ces derniers, ne faut-il point dire que le voisin pour le compte duquel ils agissent, n'est pas, lui tout au moins, tenu d'aviser son copropriétaire de la date à laquelle commenceront les travaux?

Aucun article ne lui en fait une nécessité ; on serait peut-être tenté de dire, en conséquence, qu'en droit strict, rien ne l'oblige à le faire.

Mais raisonner ainsi, ce serait ne pas tenir compte du principe dont nous allons maintenant parler, suivant lequel le voisin constructeur est tenu de prendre toutes les précautions possibles pour empêcher les travaux d'être dommageables à son voisin.

Il ne nous paraît point douteux, par suite, qu'il devrait être rendu responsable, par application de l'article

____

(1) Demolombe, I, 418.

1382, du préjudice causé par le défaut d'avertissement donné au voisin, dans le cas, bien entendu, où il est justifié que ce préjudice eût pu être évité au moyen d'un avertissement préalable (1).

C

Comment doivent être menés les travaux.

84. Indépendamment même de toute relation de copropriété, c'est un principe incontestable qu'un voisin, bien qu'étant le maître chez lui, doit cependant s'efforcer, par tous les moyens possibles, de ne pas nuire à ses voisins et doit prendre à cet effet toutes les précautions désirables. C'est ce que proclamaient déjà, en maintes occasions, les jurisconsultes romains (2), et c'est ce que répète Pothier, avec sa précision habituelle, dans un appendice spécial à son traité des Sociétés (3).

Sans doute, le Code n'a formulé nulle part expressément cette règle, mais il l'a présupposée en divers endroits (4) en en déduisant quelques conséquences, et la

---

(1) Angers, 4 août 1847, D. 47, 2, 195.

(2) Voyez notamment fr. 61, *Dig. de Reg. jur.*, et fr. 8, § 5, *Dig. si servit. vind.*

(3) Edit. Bugnet, §§ 235 et suiv.

(4) Voyez différents articles du titre *Des Servitudes*, 640, 671, 672, 673, et surtout l'article 674, *in fine.*

jurisprudence n'a jamais hésité à en faire l'application quand elle en a trouvé l'occasion (1).

85. S'il en est ainsi entre simples propriétaires voisins, à plus forte raison doit-il en être de même entre voisins qui ont entre eux un lien de copropriété, entre voisins qui sont propriétaires mitoyens. A elle seule, la communauté qui existe entre eux les oblige, comme disait encore Pothier, « à ne causer aucun préjudice à ceux avec qui la chose leur est commune » ; et, cette fois, nous avons un texte du Code qui consacre formellement cette doctrine, c'est l'article 662 *in fine*, duquel il résulte qu'un voisin, lorsqu'il use du mur mitoyen, doit prendre tous « les moyens nécessaires pour que le nouvel ouvrage ne soit pas nuisible aux droits de l'autre ».

86. Il ressort de ces notions générales que les travaux de démolition et de reconstruction doivent être menés de façon à être le moins dommageables au voisin, et le constructeur sera réputé en faute s'il ne fait point tout ce qui dépend de lui pour y parvenir.

87. Il devra donc y procéder avec toute la célérité possible ; s'il y apporte des lenteurs, si leur durée excède celle habituelle à des travaux de ce genre, sa responsabilité se trouvera engagée de ce chef (2).

______

(1) Cass., 27 nov. 1844, Sir. 44, 1, 811 ; D. 45, 1, 13 ; Cass., 20 fév. 1849 ; Sir., 49, 1, 346 ; D. 49, 1, 148 ; Cass., 8 juin 1857 ; Sir., 58, 1, 305 ; D. 57, 1, 293 ; Cass., 11 juin 1877 ; Sir. 78, 1, 209 ; D. 78, 1, 409.

(2) Paris, 14 fév. 1873, 3 août 1873, D. 76, 2, 7 ; 15 déc. 1875, D. 76, 2, 2.

88. Il devra également aviser à toutes les mesures qui seront en son pouvoir pour diminuer la gêne causée par ses travaux, tant qu'ils dureront.

89. D'une part, il recourra à tous les moyens usités pour empêcher la poussière de se répandre, et évitera d'encombrer, de ses dépôts de matériaux, les abords de la maison voisine.

90. D'autre part, il se préoccupera, autant qu'il le pourra, de suppléer, vis-à-vis du voisin, à l'absence du mur mitoyen, en lui procurant, d'autre façon, les avantages que tout voisin est en droit d'attendre, normalement, d'un mur mitoyen.

Or, quels sont les usages naturels d'un mur mitoyen, et pourquoi le fait-on ?

C'est, dit Pothier, pour s'enclore et pour appuyer contre des bâtiments.

Le constructeur devra donc parer, de ce double chef, à la démolition du mur mitoyen.

Il devra clore le voisin : il fera à cet effet des clôtures provisoires (1).

Il devra fournir un appui à ses bâtiments : c'est ce qu'il fera au moyen d'étais extérieurs. Que si, faute par lui d'avoir ainsi placé des étais, la maison voisine venait à s'écrouler, c'est à lui que cette chute serait imputée, et il en devrait supporter les conséquences par le paiement de dommages-intérêts représentant le préjudice causé (2).

(1) Trib. de la Seine, 27 janvier 1874, D. 76, 2, 2.
(2) Cass., 31 janv. 1876, D. 77, 1, 230.

§ II.   **En quelle qualité et avec quelles dimensions le mur
doit-il être reconstruit ?**

91. Il est évident qu'à cet égard, une distinction doit
être faite suivant le motif pour lequel il est procédé à
la reconstruction du mur, — est-ce dans l'intérêt de
tous les communistes, parce que le mur menaçait ruine ?
— ou est-ce uniquement dans l'intérêt de l'un d'eux, le
mur ne menaçant point ruine, mais n'étant point suffisant pour l'utilisation qu'il entend en tirer ?

92. Dans le premier cas, le mur doit être reconstruit
tel qu'il était autrefois, c'est-à-dire avec les mêmes dimensions et les mêmes matériaux : c'est en effet le *mur
mitoyen* que les communistes sont alors réciproquement tenus de rétablir (art. 655), c'est-à-dire le mur
qui existait, celui-là et non un autre (1).

A cette règle, il y aurait lieu cependant, comme l'observe Pothier, de faire une exception pour le cas où,
par une mauvaise économie, l'ancien mur n'avait pas
été assez solidement construit. L'on pourrait obliger le
voisin à contribuer à la construction d'un mur plus solide, et tel qu'il serait jugé être de l'intérêt commun
qu'il fût construit.

93. Dans le second cas, c'est-à-dire lorsque le mur
est reconstruit dans l'intérêt d'un seul des coproprié-

(1) Demolombe, I, 395.

taires, il est naturel que ce dernier, qui d'ailleurs en doit supporter les frais, le construise avec les matériaux et selon les dimensions qu'il juge utiles. Aussi Pardessus (1) déclare-t-il qu'en pareil cas, il doit être laissé maître de la construction : ces termes sont peut-être un peu absolus, remarque M. Demolombe (2), mais du moins faut-il admettre que c'est à lui principalement qu'il appartient de les diriger.

SECTION III

DES CONSÉQUENCES DE LA DÉMOLITION ET DE LA RECONSTRUCTION DU MUR MITOYEN.

94. Ces conséquences sont toujours d'une importance considérable. Il ne s'agit plus seulement ici des dommages qui, comme nous venons de le voir, peuvent être causés, au cours des travaux, par la faute du constructeur, et dont la responsabilité retombe exclusivement sur ce dernier.

Même lorsque les travaux s'opèrent normalement, avec toutes les précautions d'usage, ils n'en sont pas moins la source de dépenses énormes, et la question se pose alors de savoir qui supportera ces dépenses.

(1) I, 174.
(2) I, 404.

En eux-mêmes, ils coûtent fort cher ; la démolition et surtout la reconstruction d'un mur ne peuvent se faire qu'à grands frais : qui les paiera ?

En outre, et encore une fois indépendamment de toute négligence ou imprudence commise, ils entraînent une grande gêne pour ceux qui les subissent ; ils leur occasionnent toutes sortes d'ennuis et de dégats : sur qui finalement retombera la charge de ces dégâts ?

Il est impossible de résoudre ces questions a priori et d'une façon uniforme ; une distinction doit tout d'abord être faite suivant l'état du mur avant la démolition, selon que la reconstruction en est faite, comme nous l'avons indiqué, ou dans l'intérêt de tous parce que ce mur menaçait ruine, — ou dans l'intérêt d'un seul pour lequel il n'est pas suffisant, quoique durable encore.

§ I. — Le mur menace ruine.

95. C'est le cas où le mur est insuffisant même pour sa destination actuelle ; il n'est pas seulement ancien, mal construit ou en mauvais état : il est tel qu'il est impossible de le conserver sans péril ; sa démolition est urgente, elle doit être faite immédiatement dans l'intérêt même de tous les communistes.

Qui donc alors va supporter les conséquences de la démolition et de la reconstruction ?

Il y a lieu, pour le décider, de rechercher pour

quelle cause le mur se trouve dans cet état lamentable.

Est-ce par la faute de l'un des communistes ? Est-ce au contraire, par l'effet du temps, d'un vice de construction, etc., en un mot pour une raison qui ne saurait être imputée à l'un d'entre eux déterminément ?

Nous allons examiner successivement chacune de ces deux hypothèses.

1re Hypothèse. — Le mauvais état du mur provient de l'un
des communistes.

96. Pour reprendre les exemples cités par Pothier (1), nous supposons que le mur a été entièrement ruiné par le fait de l'un des voisins, « pour avoir été fréquemment froissé par les charrettes de ce voisin, ou par celles qu'il recevait dans sa cour, faute par ce voisin d'avoir mis des bornes ou autre chose qui auraient pu préserver le mur de ces froissements ».

Ce voisin sera responsable alors des conséquences de sa négligence.

Il en sera tenu à un double titre, — d'abord en vertu de l'article 1382, comme ayant causé injustement un préjudice à autrui, en outre par application des règles spéciales de la communauté. « Chacun des voisins est obligé d'apporter à la conservation du mur commun le

______

(1) *De la Société*, 219.

soin ordinaire que les pères de famille ont coutume d'apporter à la conservation de ce qui leur appartient ».

97. De là doivent être tirées les deux déductions suivantes :

1° Le voisin coupable supportera seul toutes les dépenses occasionnées par les travaux de démolition et de reconstruction.

Non seulement il paiera les frais proprement dits de démolition et de reconstruction, ceux d'étaiement, de clôture provisoire, de jambe étrière et de jambe boutisse, de raccord et de travaux intérieurs.

Il devra encore indemniser ses communistes de toutes les conséquences dommageables des travaux, dégâts occasionnés par les poussières, par les dépôts de matériaux, impossibilité d'habiter, de louer, etc...

Il pourra, cependant, à cette règle générale, être apporté une restriction : c'est dans le cas où ces communistes auraient eux-mêmes commis des imprudences. Par exemple, s'ils avaient fait faire sur le mur commun des peintures artistiques, pourraient-ils en exiger le remboursement ? Ce serait là une question de fait qui rentrerait dans le pouvoir souverain des magistrats auxquels il appartiendrait, en fixant les dommages-intérêts, d'apprécier s'il n'y a pas eu faute réciproque. Domat (1), se fondant sur les lois romaines (2), disait que le voisin devrait alors payer des peintures *vulgares,*

____

(1) *Lois civ.*, liv. I, tit. 12, sect. 4, n° 4.
(2) Fr. 13, *Dig. de servit. urb. præd.*

et non *pretiosissimas* ; et tous les auteurs modernes approuvent cette opinion (1).

98. 2° Le voisin coupable ne pourra, en abandonnant la mitoyenneté, se soustraire au paiement de ces frais et de ces indemnités, car l'obligation qui pèse sur lui, en pareille hypothèse, résulte non point de la mitoyenneté, mais d'une faute personnelle, d'une sorte de quasi-délit, quasi *ex delicto*.

2ᵉ Hypothèse. — Le mauvais état du mur ne provient pas de la faute personnelle de l'un des communistes.

99. Il serait alors profondément injuste de faire supporter toutes les charges de la démolition et de la reconstruction à un seul des communistes, à celui qui en aurait pris l'initiative. Aussi n'est-il point douteux que tous y doivent contribuer.

Dans quelle mesure ? C'est ce que nous allons d'abord rechercher ; puis cette première question étudiée, nous nous en poserons une autre : comment celui des communistes qui aurait fait pour les autres l'avance des frais pourra-t-il s'en faire rembourser ?

100. Dans quelle mesure chacun des communistes doit-il supporter les charges de la démolition et de la reconstruction ?

(1) Demolombe, I, 393 ; Laurent VII, 543.

Ces charges, nous l'avons fait pressentir, et nous l'expliquerons bientôt plus longuement, sont de deux catégories.

Les unes consistent dans le coût des divers travaux nécessités par la démolition et la reconstruction.

Les autres comprennent les divers dégâts et dommages causés par cette double opération.

101. I. Le législateur s'est expliqué, en ce qui concerne les premiers, dans l'article 665 ainsi conçu : « La réparation et la reconstruction du mur mitoyen sont à la charge de tous ceux qui y ont droit, et proportionnellement au droit de chacun ».

Tel est donc le principe : chaque communiste supporte les frais de reconstruction dans la mesure de son droit. Le mur leur appartient-il par moitié dans toute son étendue, chacun paiera la moitié des frais. N'est-il au contraire mitoyen que jusqu'à une certaine hauteur, ce sont seulement les frais afférents à cette partie mitoyenne qui seront partagés entre eux, ceux de la partie supérieure demeurant à la charge de celui qui en est le propriétaire exclusif.

102. En ce qui concerne les frais dont le décompte pour chacun des voisins, est impossible, il n'en sera fait qu'une seule masse, et c'est cette masse dont le montant sera réparti proportionnellement au droit de chacun : ainsi en sera-t-il, par exemple, des frais d'expertise et autres qu'il aura fallu faire pour déterminer l'alignement du mur, de la main-d'œuvre des ouvriers occupés à démolir et à reconstruire, du coût des matériaux employés à la reconstruction, etc.

103. Au contraire, pour les frais dont il est possible d'établir, pour chacun des deux bâtiments voisins, le montant exact, il n'y aura qu'à laisser respectivement à la charge de chaque propriétaire ceux qui sont distinctement et spécialement afférents à sa propriété : ainsi en sera-t-il notamment des frais d'étaiement, de clôture provisoire, de reconstruction des planchers, des raccords, des travaux faits pour garantir les locataires, etc... (1).

104. II. Quant aux divers dégâts et dommages causés par la démolition et la reconstruction, la loi n'en parle point ; mais il ne saurait néanmoins y avoir le moindre doute à leur égard : ils resteront au compte de chacun de des copropriétaires qui les aura subis, car ils ne sont que le résultat de l'exercice du droit individuel et réciproque ae chacun des communistes, et, par suite, il ne saurait être question de les faire supporter par ces communistes réunis : « *Nullus videtur dolo facere qui suo jure utitur* ». Bien entendu, le cas où le dommage résulterait d'une faute commise par le constructeur est toujours réservé.

105. Comment celui des communistes qui a fait pour les autres l'avance des frais peut-il s'en faire rembour-

____

(1) Paris, 4 déc. 1872, D. 76, 2, 6, à la note ; Paris, 29 juillet 1873, D. 76, 2, 8 ; Paris, 15 janvier 1876, D. 77, 2, 7.

ser ? — Cette question, sous certains rapports, se rapproche de celle que nous avons examinée dans la première partie de ce travail, lorsque nous avons recherché quelle action était accordée au propriétaire d'un mur pour obtenir le paiement d'un compte de mitoyenneté. Simple, en effet, lorsqu'elle se pose à l'égard du communiste originaire, de celui qui était le copropriétaire du constructeur lors de la reconstruction, elle devient beaucoup plus délicate lorsqu'on l'examine à l'égard du tiers détenteur, de celui à qui le copropriétaire a cédé tous ses droits de mitoyenneté.

Il y a là deux cas différents, qu'il importe de distinguer.

106. A. A l'égard du copropriétaire originaire, de celui qui avait la mitoyenneté au moment de la reconstruction, le constructeur a une action personnelle en remboursement de la part de frais qu'il a avancée pour lui. Aucun doute ne saurait exister à cet égard ; celui qui a payé pour tous ayant fait l'affaire des autres a, par suite, droit à être indemnisé par eux.

Seulement, pourquoi chacun des copropriétaires est-il tenu à ce remboursement ? C'est à raison de sa copropriété, c'est parce qu'il est copropriétaire. Qu'il cesse donc d'être copropriétaire, qu'il abandonne sa copropriété, et il cessera d'être tenu.

107. C'est, en effet, ce que décide l'art. 656 ainsi conçu : « Tout copropriétaire d'un mur mitoyen peut se dispenser de contribuer aux réparations et reconstructions en abandonnant le droit de mitoyenneté, pourvu que le mur mitoyen ne soutienne pas un bâtiment qui lui appartienne ».

Le principe que pose cet article est des plus explicites. A l'action en paiement de sa part contributive dans les frais de reconstruction, le copropriétaire mitoyen a le droit de répondre par l'abandon de sa mitoyenneté ; il peut, à son gré, ou payer, et alors il reste copropriétaire, — ou, s'il le préfère, ne point payer, mais abandonner sa part de copropriété ; ce second parti est pour lui une *facultas solutionis*.

108. Que doit-il abandonner ? Sa copropriété, c'est-à-dire et les droits qu'il a sur le mur lui-même, et ceux qu'il a sur le terrain. L'article 210 de la Coutume de Paris le disait expressément : « Le voisin doit quitter son droit de communauté au mur et à la terre sur laquelle il est assis. » Sans aucun doute, il en doit être de même aujourd'hui, puisque, encore une fois, la copropriété s'étend aussi bien sur le sol que sur le mur (1).

109. Mais peut-on ne faire l'abandon que de la mitoyenneté d'une partie du mur ? Oui, sans contestation possible, car il résulte de l'article 661 que le droit de mitoyenneté est divisible à cet égard, puisque cet arti-

____

(1) Demolombe, I, 388 ; Aubry et Rau, II, p. 424 ; Laurent VII, 546.

cle permet de n'acquérir la mitoyenneté que pour une portion ; ce qui est vrai de l'acquisition, est vrai de l'abandon ; et c'est, par suite, avec raison qu'il a été jugé par la Cour de cassation (1) que le copropriétaire d'un mur mitoyen, qui veut se dispenser de contribuer aux réparations à faire dans une portion seulement de ce mur, n'est pas tenu d'abandonner son droit de mitoyenneté sur la totalité ; il peut n'abandonner que la portion du mur à réparer.

110. Qu'il l'exerce, au surplus, pour le tout ou pour partie, il est bien entendu que le voisin ne peut user de cette faculté d'abandon pour échapper aux charges de la mitoyenneté qu'en renonçant, en retour, à continuer d'en tirer le profit. Aussi, l'article 656 lui refuse-t-il le droit de faire cet abandon « si le mur mitoyen soutient un bâtiment qui lui appartient ».

111. Tout au moins, si, en pareil cas, il voulait, au moyen d'un abandon, se soustraire aux charges de la mitoyenneté, il ne lui suffirait pas d'abandonner le mur, il faudrait qu'il abandonnât le tout, le mur et le bâtiment lui-même ; ou bien encore il faudrait qu'il démolît son bâtiment, auquel cas l'abandon du simple mur serait suffisant. Mais l'engagement de le démolir ne serait pas suffisant, et, malgré cet engagement, tant que la démolition ne serait point faite, il ne cesserait pas d'être tenu des obligations résultant de la mitoyenneté.

_____

(1) 3 avril 1865, D. 65, 1, 176.

Il a été décidé, en conséquence, par la Cour de cassation (1), que, si la démolition du bâtiment adossé au mur mitoyen en entraîne la ruine, le copropriétaire par le fait duquel le dommage s'est produit ne peut échapper à l'obligation de rétablir le mur sous prétexte qu'il en aurait abandonné la mitoyenneté en déclarant sa volonté de démolir : les charges de la mitoyenneté continuant à peser sur lui jusqu'à la reconstruction du mur et la disparition de toute éventualité de dommage provenant de son fait.

112. Ce que nous venons de dire du cas où le mur *soutient* le bâtiment du voisin est évidemment vrai de toute autre hypothèse où, sans y appuyer son bâtiment, le voisin approprie le mur à son usage ; l'expression *soutenir* ne saurait être limitative, et, comme nous nous l'avons vu, l'idée de la loi est qu'on ne peut se soustraire aux charges de la mitoyenneté qu'en cessant de bénéficier de ses avantages.

C'est par application de cette idée, que la faculté d'abandon a été refusée dans une hypothèse où il résultait du rapport de l'expert « que, en utilisant le mur comme mur de fond, sans d'ailleurs y appuyer ses bâtiments, le voisin en avait fait recouvrir le parement ainsi renfermé dans l'intérieur de sa construction, d'un enduit destiné à l'approprier à son usage et à sa convenance ; qu'il y avait appliqué des armoires dans les-

____

(1) 16 décembre 1863, D. 64, 1, 109.

quelles des tasseaux ou autres agencements avaient d'abord été fixés à l'aide de trous pratiqués dans le mur ; qu'enfin, dans une autre partie de ses constructions, il avait fait pratiquer un solin en plâtre adhérent au mur dont s'agit » (1).

Mais encore faudrait-il, à notre avis, pour le décider ainsi, qu'il y ait eu un acte d'appropriation de la part du voisin ; il ne suffirait pas qu'il se fût contenté de l'utiliser sans y appliquer aucun ouvrage ; par exemple, de s'en servir comme mur de fond en y juxtaposant simplement des constructions sans les y attacher (2).

113. Aussi bien, quand un voisin, dans les cas où il en a le droit, abandonne la mitoyenneté, c'est tout naturellement dans la pensée que son copropriétaire se chargera de faire personnellement tous les travaux nécessaires au mur.

Sans doute, ce dernier n'est pas obligé d'accepter cette charge ; la faculté d'abandon est réciproque, et, s'il le veut, cet autre copropriétaire pourra, lui aussi, pour éviter de payer les frais de construction ou de réparation, abandonner sa part de mitoyenneté. Le résultat sera que le mur restera en ruines, et les deux voisins sans clôture.

A moins que l'un d'eux, quel qu'il soit, ne revienne sur son abandon, car, encore une fois, cet abandon

____

(1) Paris, 4 février 1870, D. 70, 2, 217.

(2) Cass., 30 mai 1894, D. 95, 1, 66. Voir aussi l'arrêt de la Cour de Paris du 4 février 1870, *cité suprà.*

était subordonné à la condition que l'autre voisin se chargerait des frais de reconstruction (1). C'est ce que dit très clairement Pothier au § 221 de son traité du Contrat de Société : « Observez aussi que si, après que mon voisin m'a fait l'abandon de son droit de communauté au mur, pour se décharger des réparations qui y étaient à faire, auxquelles je demandais qu'il contribuât, je néglige moi-même de faire les réparations et je laisse tomber le mur en ruines, le voisin pourra révoquer l'abandon qu'il m'a fait, et demander, en conséquence, à partager les matériaux provenant de la ruine du mur, et à rentrer dans la portion du terrain qu'il avait conservée pour le construire ; car, m'ayant abandonné son mur pour la charge des réparations, si je ne veux pas moi-même supporter cette charge, je n'ai aucune juste cause pour m'approprier son droit, et il peut, par conséquent, le répéter par l'action qu'on appelle « condictio sine causâ ».

114. Il reste maintenant à nous demander si cet article 656, que nous venons d'examiner rapidement et qui régit la faculté d'abandon, est partout applicable, aussi bien dans les villes et faubourgs que dans les campagnes.

L'affirmative semble incontestable si l'on consulte son texte lequel, en effet, ne distingue point. Mais il vient, à cet égard, un doute considérable, lorsque, de cet

______

(1) Demolombe, 1, 394 ; Laurent VII, 550.

article 656, on rapproche l'article 663 ainsi conçu :
« Chacun peut contraindre son voisin, dans les villes
et faubourgs, à contribuer aux constructions et réparations de la clôture faisant séparation de leurs maisons,
cours et jardins assis ès-dites villes et faubourgs : la
hauteur de clôture sera fixée suivant les règlements
particuliers ou les usages constants et reconnus ; et, à
défaut d'usages et de règlements, tout mur de séparation entre voisins, qui sera construit ou rétabli à l'ave-
nir, doit avoir au moins trente-deux décimètres (dix
pieds) de hauteur, compris le chaperon, dans les villes
de cinquante mille âmes et au-dessus, et vingt-six décimètres (huit pieds) dans les autres. »

N'y a-t-il pas, entre ces deux textes, l'antinomie la
plus flagrante ? L'un, l'article 656, donne à chacun des
copropriétaires le droit de se dispenser de contribuer
« aux réparations et reconstructions » ; l'autre, l'article
663, lui fait, au contraire, une obligation absolue de
participer aux mêmes constructions et réparations.

Lequel de ces deux textes doit l'emporter sur
l'autre ?

115. Et la question, comme on peut le voir, que sou-
lève cette antinomie, est plus large que celle dont nous
avons présentement à nous occuper : elle n'est pas limitée au cas où des travaux, soit de réparation, soit de
reconstruction, devenant nécessaires en ce qui concerne
un mur existant, on se demande si l'un des voisins peut,
ou non, s'y soustraire ; elle s'étend même à celui où,

aucun mur n'existant encore, il y a lieu de rechercher
si l'un des voisins a le droit de ne point participer aux
dépenses de construction originaire d'un mur, en abandonnant simplement moitié du terrain sur lequel il devrait s'élever.

116. Il est vrai que le contraire a été soutenu. La
Cour de Bordeaux (1) et, avec elle, divers auteurs (2)
ont prétendu qu'il y avait lieu de faire une distinction
entre les travaux de construction originaire — et ceux
de réparation et de reconstruction ; et, au moyen de
cette distinction, ils ont entendu concilier l'application
des articles 656 et 663 : « Après la construction d'un
mur de clôture à frais communs, l'un des voisins peut
se soustraire aux frais d'entretien et de reconstruction
du mur. Dans ce cas, il aura déjà rempli l'obligation
imposée par l'article 663, de contribuer à la clôture
commune ; il abandonnera une communauté déjà exis-
tante, et il abandonnera du terrain et des matériaux,
comme le veut l'article 656. Ces deux articles recevront
ainsi chacun son application. L'article 663 aura d'autant mieux son application, que le voisin se décidera
plus difficilement à abandonner un mur dont il aura
déjà payé la moitié, et que, s'il l'abandonne, du moins
il existera une clôture entre les deux propriétés, et le
vœu de la loi sera satisfait. Opposera-t-on que l'article
663 veut aussi qu'on soit obligé d'entretenir le mur, et

(1) Bordeaux, 7 déc. 1827; Sir., 28, 2, 103 ; D. 28, 2, 143.
(2) Frèmy, Ligneville et Perriquet, 1re éd. II, 573.

que, si par l'abandon, on peut s'affranchir des réparations, la clôture cessera, au fond, d'être forcée à frais communs ? Non ; pour les réparations, on reste dans l'application de l'article 656, et la clôture, à frais communs, n'en sera pas moins forcée, en ce sens qu'il faudra réparer ou abandonner la moitié du mur et la moitié du terrain, ce qui sera toujours un sacrifice fait à la clôture forcée ».

117. Mais cette distinction a été presque universellement, et à bon droit croyons-nous, rejetée. Il est inadmissible en effet, que celui qui est dispensé de réparer, puisse être tenu de construire ; qu'il soit déchargé de l'obligation la moins lourde, mais reste astreint à la plus onéreuse. Cela est manifestement impossible, cela serait absurde ; aussi bien les textes eux-mêmes protestent contre cette distinction et proclament l'assimilation la plus complète entre les travaux de construction et ceux de réparation : l'article 663 les met en effet formellement sur le même pied « constructions et réparations » ; et, quant à l'article 656, lorsqu'il dit « réparations et reconstructions », n'est-ce pas comme s'il disait « réparations et constructions », car, en réalité, qu'est ce autre chose qu'une reconstruction, sinon une construction (1) ?

Il n'y a donc aucune raison de ne point traiter les travaux de construction originaire comme ceux de ré-

____

(1) Cass., 5 mars 1828, D. 28, 1, 164.

paration ou de reconstruction ; et la question doit être posée dans les mêmes termes pour les uns comme pour les autres : est-ce que, dans les villes et faubourgs, le voisin peut se dispenser de contribuer aux travaux de construction originaire en cédant la moitié du terrain nécessaire aux travaux de réparation et de reconstruction, en abandonnant la mitoyenneté ? L'article 656 n'a-t-il pas dérogé à cet égard à l'article 663 ?

Ou, inversement, ne faut-il pas dire au contraire que, dans les villes et faubourgs, le voisin est tenu, sans avoir aucun moyen d'y échapper, de contribuer à tous travaux, soit de construction, soit de réparation ou de reconstruction de la clôture commune ? N'est-ce pas au contraire l'article 663 qui a dérogé à l'article 656 ?

Les deux systèmes sont soutenus avec la plus grande force.

118. Le premier (1), celui d'après lequel l'article 656 aurait dérogé à l'article 663, raisonne ainsi qu'il suit :

Les deux articles, l'article 656 et l'article 663 étant inconciliables, il y en a nécessairement un qui doit

(1) Aubry et Rau, II, § 200, p. 232 et note 6 ; Cass. 5 mars 1828, D. 28, 1, 164 ; Toulouse, 7 janvier 1834, D. 34, 2, 147 ; Douai, 28 fév. 1839, D. 40, 2, 133 ; Angers, 12 mars 1847, D. 47, 2, 65 ; Bordeaux, 14 juin 1855, D. 56, 2, 123 ; Cass., 3 déc. 1862, D. 62, 1, 503 ; Cass., 7 nov. 1864, D. 64, 1, 474 ; Dijon, 17 déc. 1869, D. 71, 2, 47 ; Orléans, 24 mai 1873, D. 73, 2, 185 ; Cass., 27 janvier 1874, D. 74, 1, 480 ; Cass., 26 juillet 1882, D. 83, 1, 342.

avoir le pas sur l'autre. Celui-là, ce sera tout naturellement celui auquel le législateur, sinon textuellement, au moins dans son esprit, a entendu donner la préférence.

Or, des travaux préparatoires, des raisons juridiques des deux articles, de leur place même dans le Code, il résulte que cette préférence du législateur s'est exercée en faveur de l'article 656.

119. Les travaux préparatoires sont en ce sens. « En effet, disent MM. Aubry et Rau (1), Berlier ayant fait remarquer, lors de la discussion au Conseil d'Etat de l'article 663 correspondant à l'article 25 du projet, « que l'article 25 deviendrait d'une exécution plus facile si l'on y exprimait que le propriétaire, interpellé de contribuer à la clôture, peut s'en dispenser en renonçant à la mitoyenneté et en cédant la moitié de la place sur laquelle le mur doit être construit », Tronchet lui répondit que cette modification était exprimée dans l'article 18 du projet, correspondant à l'article 656 du Code (2).

Il résulte bien clairement de cette réponse qui a clos le débat sur ce point, que l'on a entendu laisser au voisin requis de contribuer à la clôture en vertu de l'article 663, le moyen de se soustraire à cette obligation, en usant de la faculté accordée par l'article 656. Vainement objecte-t-on, pour écarter cette conclusion,

(1) Aubry et Rau, II, § 200, p. 232, note 6.
(2) Locré, VIII, p. 344 et 345, n° 2.

qu'au moment où a eu lieu la discussion qui vient d'être rappelée, l'article 663 n'existait pas encore, et qu'aucune disposition du projet n'imposait, dans les villes et faubourgs, l'obligation de se clore. Cette objection repose sur une supposition qui n'est pas complètement exacte. L'obligation de contribuer à la clôture, quoique non formellement exprimée par l'article 25 du projet, s'y trouvait cependant virtuellement renfermée, et le changement de rédaction que cet article a subi n'a eu d'autre but que de l'énoncer d'une manière positive. Ce qui le prouve, c'est l'observation même de Berlier, qui n'aurait eu aucun sens si cet article n'avait pas été compris comme imposant implicitement à chacun des voisins l'obligation de contribuer à la clôture ».

120. Que l'on observe d'ailleurs que l'article 656 n'est, comme on l'a vu ci-dessus, qu'une application des principes plus généraux de notre droit : il découle de cette règle d'équité que celui qui n'est tenu qu'à raison de la possession d'une chose, *ob rem*, a toujours la faculté, en renonçant à cette chose, d'échapper aux obligations qu'elle entraîne pour lui (Cpr. art. 699). Au contraire, l'article 663 est une atteinte à la liberté des propriétés, il a un caractère arbitraire ; et c'est une raison de plus pour qu'on lui préfère l'article 656.

La place, d'ailleurs, qu'occupe cet article dans le Code, à la suite des articles 653 et 655 dont il n'est que la continuation, démontre qu'il doit être applicable partout, car l'article 653 dit textuellement qu'il doit recevoir application dans « les villes et campagnes ». Il n'y a pas jusqu'à l'historique même de cet article 656 qui ne parle en faveur de son caractère général. Originairement, en effet, il était ainsi rédigé (1) : « Dans les villes et communes dont la population dépasse trois mille âmes, les copropriétaires des murs mitoyens ne peuvent pas se dispenser de contribuer à leur réparation, en abandonnant la mitoyenneté ». Mais cette rédaction n'a pas été conservée ; et, finalement, l'article 656 a été libellé dans les termes que nous voyons aujourd'hui, et qui ne comportent aucune restriction : « Tout copropriétaire.... »

Nombreuses sont donc les raisons qui militent en faveur de l'article 656 : il y a par suite lieu de combiner avec ses dispositions celles de l'article 663, et de décider que, dans les villes et faubourgs, l'un des voisins peut toujours se dispenser de contribuer aux frais de construction de la clôture commune en cédant la moitié du terrain nécessaire pour l'élever, aux frais de réparation et de reconstruction, en abandonnant la mitoyenneté.

Mais, à ce premier système, nous préférons le second, celui qui fait, au contraire, plier l'article 656 devant l'article 663.

Et cela pour deux motifs qui nous paraissent absolument péremptoires et qui sont tirés l'un du caractère

____

(1) Fenet, II, p. 117.

d'ordre public de la disposition de l'article 663, —l'autre de l'autorité de l'Ancien Droit et des travaux préparatoires.

121. Que la disposition de l'article 663 ait un caractère d'ordre public, cela ne nous paraît guère contestable. C'est toujours ainsi qu'elle paraît avoir été envisagée, même à l'époque ancienne où elle fut introduite dans la Coutume de Paris, lors de la seconde réformation de cette Coutume, article 209. Dès ce temps, on la considérait comme une mesure de police, d'ordre public, de sûreté particulière : « C'est sûreté commune que le grand nombre d'habitants rend nécessaire », disait Bourjon (1). Et Ferrière ajoutait : « Puisque les uns et les autres voisins en tirent de l'avantage, et même que cela est absolument nécessaire pour la sûreté de le vie et des biens, principalement dans les grandes villes, il a été trouvé raisonnable d'obliger les propriétaires des maisons de contribuer à la confection des murs de clôture séparant leurs cours, jardins et maisons ; de sorte qu'un propriétaire ne s'en peut pas exempter pour quelque cause que ce soit ».

Historiquement donc, cette disposition a été considérée comme étant d'ordre public, et c'est bien ainsi que les rédacteurs du Code l'ont comprise ; il n'est pas permis d'en douter à la simple lecture de la discussion dont l'article 663 a été l'objet au Conseil d'Etat.

---

(1) *Droit commun de la France.* II, p. 13.

Ce qui suffirait, d'ailleurs, à le prouver, c'est la précaution prise par le législateur lui-même de décider que la hauteur de la clôture sera d'autant plus élevée que la population sera plus considérable. On voit apparaître ainsi nettement l'idée qui l'a inspiré : plus la population est dense, plus les habitations risquent d'être rapprochées, et, par conséquent, plus aussi il importe que les habitations soient protégées les unes contre les autres, et séparées par des murs d'autant plus hauts.

122. En vain, pour soutenir que la disposition de l'article 663 n'était pas d'ordre public, a-t-on objecté que l'autorité publique n'était point chargée d'en assurer l'exécution.

123. Cette objection ne porte point, car il y a beaucoup d'autres cas où l'autorité ne peut intervenir, bien qu'il s'agisse cependant d'une obligation d'ordre public : ainsi en est-il, par exemple, de l'obligation du bornage.

124. En vain dit-on encore que, si l'article 663 était d'ordre public, il ne devrait pas être permis d'y déroger en ce qui concerne la hauteur des murs. Or, le contraire a été formellement exprimé dans la discussion au Conseil d'Etat. Bérenger ayant critiqué la disposition comme gênant inutilement la liberté des propriétaires, Treillhard répondit que, si les voisins étaient d'accord, ils pouvaient donner au mur l'élévation qui leur plairait. Les autres membres du Conseil, qui ne prirent point part au débat, furent du même avis. « S'il est libre aux voisins, dit Tronchet, de faire les conventions qu'il leur plaît, il n'y a plus de difficultés à décider que le mur sera d'une hauteur déterminée, suffisante pour la sûreté des deux voisins » (1). Ainsi, les parties intéressées peuvent déroger à l'article 663 en ce qui concerne la hauteur des murs ; pourquoi ne le pourraient-elles pas en ce qui concerne la clôture même ?

125. A cette objection, nous répondrons par une double observation.

D'abord, avec M. Demolombe (2), qu'il n'est pas du tout certain, malgré cette discussion du Conseil d'Etat, que les parties puissent renoncer, *in futurum*, au droit d'exiger que le mur ait la hauteur légale.

En outre, avec M. Laurent (3), que, même si cette renonciation était valable, elle ne prouverait rien en ce qui concerne notre hypothèse. Grande est la différence entre les deux cas : « La hauteur précise du mur est une disposition arbitraire ; on ne peut pas dire que l'ordre public soit compromis quand le mur a un centimètre de moins, tandis qu'il est compromis quand il n'y a pas de clôture. »

Donc, quoi qu'on en ait pu prétendre, l'article 663 est d'ordre public ; à ce titre, il doit l'emporter sur l'article 656 qui est d'ordre purement privé.

126. Mais, indépendamment même de cette première raison qui, à elle seule, serait une base suffisante pour

(1) Fenet, XI, p. 265, 266, 267.
(2) Demolombe, I, 378.
(3) Laurent, VII, 498.

le deuxième système, en voici une seconde qui est tirée, avons-nous dit, de l'autorité de l'Ancien Droit, et des travaux préparatoires.

127. La difficulté que nous examinons en ce moment s'est, en effet, déjà présentée dans l'Ancien Droit; car la Coutume de Paris, notamment, contenait deux articles analogues à nos articles 656 et 663, et entre lesquels il y avait également antinomie, c'étaient les articles 209 et 211. Nous savions déjà que l'article 209 correspondait à l'article 663 actuel ; voici maintenant l'article 211 qui correspond à l'article 656 : « Celui qui veut faire bâtir nouveau mur, ou refaire l'ancien corrompu, peut faire appeler son voisin pour contribuer au bâtiment ou réfection du dit mur, ou bien lui accorder lettres que le dit mur soit tout sien ».

Les termes généraux dans lesquels cette dernière disposition était rédigée firent naître des doutes. On vit un antagonisme entre l'article 209 et l'article 211 ; les adversaires de l'innovation créée par l'article 209 la combattirent par les termes de l'article 211. Ce dernier article ne distingue pas, dirent-ils ; donc, il s'applique aussi bien au cas de clôture dans les villes et faubourgs que à celui de clôture hors des villes.

« Néanmoins, dit Ferrière sur l'article 211, Tournet et Tronçon sont d'avis qu'il n'a lieu que pour les maisonc des champs. Le sentiment de ces commentateurs est sans difficulté, et on l'observe ainsi à Paris. La raison en est que, par l'article 209, un voisin n'est pas recevable à quitter à l'autre le droit de mur, pour l'obliger par ce moyen à faire refaire le mur entièrement à ses frais et dépens ; autrement il pourrait arriver qu'un mur étant tombé, les deux voisins feraient les mèmes offres : ainsi le mur ne serait pas refait... Il n'est point permis par l'article 209 à l'un des voisins de céder et abandonner à l'autre le droit de mur ; c'est pourquoi il ne le peut faire ».

Ferrière termine en citant un arrêt du Parlement du 19 mars 1612 qui a consacré l'interprétation donnée à l'article 209 par les commentateurs cités.

Bourjon (1), Duplessis (2) sont d'opinion conforme. Enfin Pothier (3) ne laisse aucun doute à cet égard : « Dans les villes où il y a une loi qui oblige les voisins à construire à communs frais un mur de clôture pour s'enclore, chacun des voisins est obligé de contribuer aux réparations, et même à la reconstruction du mur de clôture, sans qu'il puisse se décharger de cette obligation en offrant d'abandonner sa part dans la communauté du mur ; puisque, quand même il n'y en aurait jamais eu, son voisin pourrait l'obliger à en construire un à communs frais ».

Tel était donc l'état de la question au moment où fut rédigé le Code civil.

128. Que firent les rédacteurs ? — Ils empruntèrent

(1) *Droit commun de la France*, II, p. 13.
(2) *Des Servitudes*, liv. II, ch. VI.
(3) *De la Société*, 221 et 223.

à la Coutume de Paris les articles 209 et 211 ; l'un, comme nous l'avons vu, devint l'article 656, l'autre l'article 663. En adoptant à la fois les deux articles, ils devaient aussi, en ce qui concernait leur combinaison, adopter l'opinion suivie. C'est en effet ce qu'ils firent, ainsi que le dit formellement Treilhard : « L'on ne peut admettre d'innovation en cette matière ».

Sans doute, Tronchet a semblé dire le contraire dans un passage déjà cité. Mais outre qu'à ce moment, comme on l'a dit, l'article 663 n'existait pas encore, il est permis de ne voir là qu'une opinion isolée. Ce qui le prouve, c'est que le tribun Albisson, dans son rapport au tribunat, postérieurement bien entendu aux paroles de Berlier et de Tronchet, déclare que nous avons emprunté *la mitoyenneté forcée* à la jurisprudence française : cette expression est à retenir, car, dans le système contraire, il ne saurait y avoir de mitoyenneté forcée. Le rapport du tribun Albisson vient donc démontrer surabondamment que les rédacteurs du Code n'ont pas entendu adopter ce système (1).

Il ne nous paraît donc point douteux que c'est seulement hors des villes et faubourgs que l'article 656 peut recevoir application et qu'il est permis à un voisin d'éviter les frais de réparation et de reconstruction en abandonnant la mitoyenneté (2).

(1) Fenet, XI, p. 248, 266, 273 et 322.
(2) Demolombe, I, 379 ; Laurent VII, 502 ; Amiens, 15 août 1838, D. 39, 2, 211 ; Amiens, 12 déc. 1861 ; Sir., 62, 2, 234.

Il est bien entendu que, dans les villes et faubourgs, l'obligation de contribuer, sans faculté d'abandon possible, aux constructions, reconstructions et réparations du mur séparatif, se limite aux dimensions du mur telles qu'elles sont réglementées par l'article 663 du Code civil.

129. B. A l'égard du tiers détenteur. — Le copropriétaire qui a avancé les frais de reconstruction peut-il, au cas de non-paiement par celui qui était, au moment des travaux, son copropriétaire, agir contre le tiers détenteur, contre l'acquéreur de ce copropriétaire ?

130 L'affirmative a été soutenue. « L'obligation de contribuer à la construction est une charge de la propriété, lit-on dans un rapport de M. Troplong (arrêt de la Chambre des Requêtes du 21 mars 1843) (1), elle pèse sur le détenteur quel qu'il soit. Et comment le détenteur y resterait-il étranger ? Supposons que son vendeur ne paie pas sa part de frais, il y a alors abandon de mitoyenneté, et le mur devient la propriété exclusive de l'autre voisin qui a fait les avances (art. 656). Donc, dans l'action dirigée contre le tiers détenteur, il y a toujours l'alternative *payer ou délaisser le mur, payer ou renoncer* à la mitoyenneté. Comment, dès lors, l'action ne serait-elle pas réelle ? Comment n'affecterait-elle pas la propriété ? »

Et la Cour de cassation, dans l'arrêt qui intervint à

_____

(1) D., *Jur. gén.* V° *Action,* n° 124.

la suite de ce rapport, déclara également que cette action renferme « la condition implicite que, s'il n'y était pas satisfait, le détenteur serait tenu de renoncer à la mitoyenneté, conformément à l'article 656 du Code. civil ; que dès lors elle était réelle, ou tout au moins mixte, *personalis in rem scripta*, et qu'elle pouvait être intentée contre tout tiers détenteur ».

131. Mais, à notre avis, cette doctrine est profondément erronée.

On pourrait d'abord lui objecter qu'en attribuant un caractère à la fois réel et personnel à la charge de travaux de l'article 656, en en faisant ainsi un droit mixte, elle oublie que, s'il y a encore aujourd'hui, dans notre législation moderne, des actions mixtes, c'est exclusivement au point de vue de la compétence ; mais il n'y a pas de droits mixtes, c'est-à-dire de droits qui soient à la fois personnels et réels ; l'action mixte consiste, en réalité, dans la réunion de deux actions fondées l'une sur un droit réel, l'autre sur un droit personnel, mais tendant toutes deux au même objet. Telle est, tout au moins, l'opinion générale (1). C'est un point d'ailleurs sur lequel nous n'insisterons pas autrement, d'abord parce qu'il demanderait, pour être développé, des explications étrangères à notre travail, ensuite parce que, en dehors de l'argument qu'on peut en tirer contre la théorie précitée de la Cour de cassation, en voici un

____

(1) Voir les autorités citées dans Dalloz, *Jur. génér. et Suppl.* V⁰ *Action.*

autre qui est péremptoire et suffit à lui seul à faire condamner cette théorie.

132. Sur quoi, en effet, est basée l'action qu'on accorde contre le tiers détenteur ? Exclusivement sur ce qu'aux termes de l'article 656 du Code civil, le tiers détenteur serait tenu, faute de paiement par lui des frais dus par son vendeur, de renoncer à la mitoyenneté.

Mais c'est là précisément qu'est l'erreur ; l'art. 656 ne concerne pas le tiers détenteur. Il ne s'applique qu'à celui durant la possession duquel les travaux sont devenus nécessaires.

Une situation absolument identique à celle que nous examinons se présente en matière de servitude, lorsque en vertu d'un titre, le propriétaire du fonds servant se trouve astreint à certains travaux ; l'article 699 statue pour ce cas dans les mêmes termes que l'article 656 pour le nôtre, en décidant que le propriétaire du fonds assujetti peut toujours s'affranchir de la charge en abandonnant le fonds.

La question se pose donc comme dans notre espèce. Comment la résout la Cour de cassation ? Reconnaît-elle au propriétaire du fonds dominant le droit d'actionner le tiers détenteur en paiement des travaux qui ont été faits du temps de son vendeur ? — Elle s'y refuse énergiquement, et son raisonnement nous paraît être à l'abri de toute critique : « Attendu, en droit, que si les servitudes d'utilité publique peuvent consister en certains travaux mis à la charge du fonds servant, il ne suit pas de là que l'obligation de payer le prix des dits travaux en tout ou en partie, ne soit pas une dette personnelle du propriétaire qui les a commandés ou pour le compte duquel ils ont été faits, ni que le paiement puisse en être réclamé indistinctement à tout détenteur de l'immeuble assujetti ; attendu que tel est le droit commun en matière de servitudes, et notamment dans le cas prévu par l'article 699 (1) ».

Le rapporteur n'est pas moins explicite : « Prenons une servitude ordinaire, et supposons que le propriétaire du fonds servant soit tenu, par son titre, de faire les ouvrages nécessaires à l'usage et à la conservation de cette servitude. En présence de la négligence de cet obligé, le propriétaire du fonds dominant fait à sa place un travail devenu nécessaire. L'immeuble servant est ensuite vendu. Est-ce que l'entrepreneur ou le propriétaire du fonds dominant pourra s'adresser à l'acquéreur, en dehors de toute clause du titre constitutif ou de l'acte de vente, et lui réclamer le prix du travail ? Assurément non. L'acheteur serait en droit de répondre : « Oui, la servitude a suivi l'immeuble acquis par moi, et si des travaux deviennent nécessaires, je devrai les exécuter ou en payer le prix. Mais il ne s'agit pas de cela ; on me réclame le paiement d'une dette personnelle dérivant de la gestion d'affaires, le droit de suite ne saurait s'y appliquer ».

(1) Cass., 8 janv. 1895, D. 95, 1, 377.

Il n'y a qu'à transporter cette solution à l'hypothèse
que nous étudions. Loin d'autoriser une action contre
ce tiers détenteur, l'article 699 (et par suite l'art. 656)
démontre au contraire, dit la Cour de cassation dans ce
tout récent arrêt, qu'on ne peut agir contre lui. C'est
la condamnation la plus radicale de la théorie admise
par l'arrêt ancien du 21 mars 1843.

§ 2. — Le mur ne menace pas ruine.

133. Nous supposons maintenant que le mur n'était
pas encore sur le point de tomber ; il était suffisant
pour l'usage auquel on l'employait, il aurait pu durer
encore si les besoins de l'un des voisins n'avaient pas
exigé qu'on le démolît immédiatement pour le remplacer par un autre capable de supporter ses nouvelles
constructions. La démolition et la reconstruction n'ont
lieu, en définitive, que dans l'intérêt d'un seul des
communistes, et non dans l'intérêt de tous.

Il semblerait, par suite, très rationnel, à première
vue, d'en faire supporter exclusivement les frais par
celui au profit duquel elles sont faites. L'opinion contraire a cependant été soutenue, non d'ailleurs sans
apparence de raison, pour le cas où le mur, quoique
ne menaçant point ruine, était néanmoins en mauvais
état.

Aussi devons-nous, là aussi, pour étudier la question,

distinguer deux hypothèses, suivant que le mur était
en bon ou en mauvais état avant sa démolition.

1re *Hypothèse. — Le mur était en bon état.*

134. En pareil cas, aucune difficulté ne peut s'élever
sur le principe : tous les frais de démolition et de reconstruction doivent être à la charge de celui dans l'intérêt duquel le mur est reconstruit. Ainsi le décidait
déjà l'article 196 de la Coutume de Paris, et c'est ce
que déclare encore aujourd'hui l'article 659 du Code
civil : « Si le mur mitoyen n'est pas en état de supporter l'exhaussement, celui qui veut l'exhausser doit le
faire reconstruire *en entier à ses frais*, et l'excédent
d'épaisseur doit se prendre de son côté ». Sans doute,
cet article ne statue expressément que pour le cas
d'exhaussement, mais nous avons déjà dit que sa disposition devait être étendue *a fortiori* à toute autre
hypothèse où l'intérêt de l'un des voisins exigeait la
reconstruction.

De ce texte il résulte deux conséquences :

135. La première, c'est que si le mur nouveau doit
être, étant donné sa future destination, plus large que
l'ancien, l'excédent d'épaisseur doit être pris exclusivement sur le terrain de celui au profit duquel est faite
la reconstruction.

136. La seconde, c'est que, ainsi que nous venons

de le poser en règle, tous les frais de cette reconstruction doivent également être entièrement supportés par ce même copropriétaire qui les fait faire dans son intérêt (1).

137. De ces deux conséquences, la première va de soi et n'appelle aucune observation.

138. Il n'en est pas de même de la seconde qui n'a pas été sans soulever de très délicates questions : en quoi consistent exactement les frais dont la charge retombe ainsi sur le seul copropriétaire reconstructeur? Quels sont, sur le nouveau mur, les droits de l'autre copropriétaire, de celui qui ne contribue point aux dépenses de reconstruction?

139. *En quoi consistent exactement les frais dont la charge retombe sur le seul copropriétaire reconstructeur ?*

L'article 659 dit que ce copropriétaire doit faire *reconstruire* le mur *en entier, à ses frais.* C'est à cela qu'il étend, mais aussi qu'il limite, sa part contributive dans les dépenses.

C'est à cela qu'il l'étend : tous les frais de reconstruction (et ausssi de démolition, car la reconstruction comprend nécessairement, comme préalable, la démolition) doivent être supportés par le copropriétaire reconstructeur.

(1) Paris, 26 mars 1895. *Revue du Contentieux des travaux publics du Bâtiment,* XIV, p. 326 ; Cass., 18 août 1874 ; Sir. 74, I, 464 ; Cass., 17 nov. 1875 ; Sir. 76, 1, 28.

Mais c'est aussi à cela qu'est la limite : toutes dépenses autres que celles de reconstruction, d'une façon générale toutes autres conséquences des travaux resteront à la charge du copropriétaire qui les subira, sans aucun recours contre le reconstructeur : ainsi en sera-t-il, par exemple, de la perte de loyers résultant pour ce copropriétaire de ce que, en raison des travaux, il lui sera impossible peut-être durant un certain temps de louer certaines pièces de sa maison.

140. Le contraire a été soutenu. Déjà Goupi (1), dans l'ancien droit, enseignait que le communiste qui reconstruit le mur dans son seul intérêt doit indemniser l'autre de tous les dommages, sans aucune exception, qui peuvent en résulter pour lui. Et cette doctrine a été reprise, sous l'empire du Code, par quelques auteurs (2).

141. Mais aujourd'hui elle est, avec raison, croyons-nous, généralement abandonnée (3).

D'abord, elle est contraire, comme nous l'avons vu, au texte même de l'article 659, lequel oblige le reconstructeur à prendre à sa charge *simplement les frais de reconstruction*, donc par les autres.

En outre, elle viole ce principe fondamental de toute notre législation que nous avons rappelé, à savoir que celui qui ne fait qu'user de son droit n'est pas respon-

---

(1) Sur Desgodets, art. 196 de la *Coutume de Paris*, p. 199.
(2) Delvincourt, I, p. 161, note 5 ; Taulier, II, p. 391.
(3) Cpr cependant Laurent, VII, 561.

sable du préjudice éprouvé par autrui à raison de l'exercice de ce droit : « *Neminem lædere videtur qui suo jure utitur* ». La responsabilité ne commence que s'il y a abus, faute dans l'exercice de ce droit (voir § 77) ; et ce n'est point ce que nous supposons dans notre espèce.

Il ne nous paraît donc point douteux que, seuls, les frais de reconstruction sont à la charge exclusive du reconstructeur ; les autres sont supportés par chaque communiste (1).

La difficulté est seulement de savoir ce qu'il faut entendre, d'une façon précise, par frais de démolition et de reconstruction.

Il y a quelques points sur lesquels aucun doute ne saurait sérieusement planer.

C'est ainsi qu'on doit considérer comme frais de démolition et de reconstruction à la charge exclusive du constructeur :

142. *a*. Le coût des travaux de démolition ;

143. *b*. Le coût du nouveau mur, y compris les jambes étrières et les jambes boutisses :

144. *c*. Les frais des clôtures et étais provisoires, car ainsi qu'on l'a vu, la destination du mur étant de clore et de servir d'appui aux bâtiments, le reconstructeur se trouve être obligé de suppléer à l'absence de mur tant que durent les travaux, à ce double point de

____

(1) Demolombe, I, 405 ; Aubry et Rau, II, § 222. note 43.

vue, c'est-à-dire au moyen de clôtures et d'étais provisoires (1).

A l'inverse, ne sont point des frais de démolition et
de reconstruction, et par conséquent, doivent rester à
la charge du copropriétaire qui les subit :

145. *a*. La gêne et les embarras éprouvés par
lui, tant qu'ont duré les travaux, au point de vue
de son habitation personnelle, l'obligation de démé-
nager ses meubles d'une pièce dans une autre, par
exemple (2).

146. *b*. La perte subie par lui dans son commerce,
à raison desdits travaux (3). Pothier le décidait déjà
ainsi (4) : « Si le voisin était un maître paumier qui
eût, de son côté, contre le mur commun, un jeu de
paume ; dois-je aussi le dédommager de son jeu de
paume dont il a été privé pendant le temps nécessaire
pour la démolition et reconstruction du mur, pendant
lequel il n'a pu faire usage de son jeu de paume ? Desgodets décide que je n'y suis pas obligé ; et quoiqu'il
soit en cela repris par Goupy, qui prétend que j'y suis
obligé, je trouve l'avis de Desgodets régulier ; car je
ne fais qu'user de mon droit que me donne la loi et la

_____

(1) Trib. de la Seine, 27 janvier 1874 et Paris, 15 déc. 1875, D. 76.
2, 1 ; Trib. de la Seine, 19 juillet 1872, et Paris, 24 mars 1874, D. 76.
2, 3 ; Paris, 6e ch., 26 mars 1895; *L'Architecture*, 1895, p. 375, et
p. 387, note de M. l'expert Lalanne.

(2) Paris, 4 mai 1813; Sir., 14, 2, 88.

(3) Demolombe, I, 406.

(4) *Société*, no 215.

communauté au mur. La loi, en me donnant pouvoir
de démolir et de reconstruire le mur commun, pour
soutenir l'exhaussement que je veux faire, ne m'oblige
qu'à payer tous les frais de cette démolition et reconstruction ; on ne peut pas m'obliger à autre chose
que ce à quoi la loi m'oblige. L'état de maître paumier
qu'a mon voisin ne doit pas me rendre plus onéreux un
droit de communauté au mur. La privation du profit
de son jeu de paume, qu'il souffre pendant le temps
nécessaire, n'est point un tort que je lui cause ; car ce
n'est pas faire tort à quelqu'un que d'user de son
droit ».

147. *c.* L'impossibilité où le copropriétaire se trouve
de louer certaines pièces de sa maison, ou, si elles sont
louées, l'obligation pour lui de consentir une réduction
de loyer à ses locataires. Nous reviendrons au surplus
sur ce point.

148. Mais que décider des frais de raccord et des
autres travaux d'appropriation intérieure ? Sont-ce des
frais de démolition et de reconstruction ? Le reconstructeur est-il obligé de les supporter, ou restent-ils
pour compte à la charge de chacun des copropriétaires ?

Trois systèmes ont été soutenus à cet égard.

149. Le premier (1) prétend que le constructeur est
tenu de faire tous les raccords et tous les travaux inté-

____

(1) Taulier, II, p. 391.

rieurs qui existaient auparavant, quels qu'ils soient, ou, tout au moins, s'il ne les fait point, d'en payer la valeur : leur suppression n'est-elle pas la conséquence directe et inévitable de la démolition ? Et, par suite, leur rétablissement doit s'imposer en même temps que la reconstruction.

150. Une deuxième opinion (1) défend la thèse absolument opposée : Le constructeur n'est jamais tenu ni de rétablir les raccords ou travaux intérieurs, ni d'indemniser le voisin du montant de leur valeur.

Deux arguments, l'un de droit, l'autre d'équité, sont invoqués à l'appui de cette seconde opinion.

— L'un, de droit : « Attendu que celui qui fait reconstruire le mur mitoyen, même dans son intérêt exclusif, ne fait qu'user du droit de copropriété qui lui est garanti par les articles 658 et suivants ; attendu qu'en dehors des conditions légales de la mitoyenneté et de la destination commune du mur, l'un des copropriétaires ne peut en faire aucun usage ni exécuter de son côté aucun travail qui puisse nuire aux droits de l'autre ; qu'il suit de ce principe que les raccords intérieurs sont à la charge de celui qui est tenu de souffrir la reconstruction (2) ».

— L'autre, d'équité : Déclarer le reconstructeur tenu

(1) Toullier, II, 209; Pardessus, I, 174; Trib. de la Seine, 12 mai 1870, et Paris, 4 avril 1872, D. 76, 2, 1, note; Trib. de la Seine, D. 73, 2, 48.

(2) Trib. de la Seine, D. 73, 2, 48.

des raccords et réfections nécessités par des ouvrages qu'il n'a point autorisés, ce serait subordonner le droit de reconstruire à l'usage variable que chacun des voisins peut faire de sa propriété ; ce serait en rendre l'exercice souvent impossible, puisque ce serait accroître, dans une mesure souvent exorbitante, les frais de reconstruction qui se trouveraient grossis des dépenses d'appropriations plus ou moins somptueuses, d'installations locatives ou industrielles plus ou moins importantes, pratiquées par le voisin dans les appartements attenant au mur.

151. Enfin, un troisième et dernier système tient le milieu entre les deux que nous venons d'exposer ; il distingue suivant qu'il s'agit de raccords ordinaires et indispensables, — ou, au contraire, de réfections s'appliquant à des travaux d'art ou à des ouvrages d'une nature exceptionnelle. Il met les premiers à la charge du reconstructeur, et laisse les seconds au compte du propriétaire qui les a fait faire.

On ne peut, disent les partisans de cette théorie, séparer la reconstruction proprement dite des travaux de raccord et de réfection qui en sont le complément indispensable : tel est tout au moins le principe ; il n'en serait autrement que si le voisin commettait l'imprudence d'appuyer ou de placer sur ce mur, qui, en somme, ne lui appartient pas à lui seul, et que son copropriétaire a, il le sait, le droit de démolir, des ouvrages d'art ou de luxe.

Telle était déjà l'opinion de Domat (1) qui, à l'exemple des auteurs romains (2), distinguait, avons-nous dit, entre ce qu'il appelait les peintures *vulgares*, et les peintures *pretiosissimas*, autorisant le remboursement des premières et non des secondes.

C'est aussi la doctrine qui, de nos jours, a fini par prévaloir (3).

152. *Quels sont, sur le nouveau mur, les droits respectifs des deux voisins ?*

C'est là, comme l'observe M. Laurent (4), un point sur lequel il y a quelque incertitude. Il semble qu'aucun auteur n'ait osé aborder la question de face ; à la vérité, elle nous paraît presque insoluble dans l'état actuel des textes.

Il nous faudra, pour essayer de la résoudre, distinguer diverses hypothèses, selon que le mur nouveau a les mêmes dimensions que l'ancien, ou bien, au contraire, est ou plus élevé ou plus épais.

153. *a.* Le mur nouveau a les mêmes dimensions que l'ancien. — Le principe paraît alors certain : le mur nouveau est mitoyen comme l'ancien.

C'est ce qu'on peut déduire d'abord de l'article 659 aux termes duquel c'est le *mur mitoyen* qui est recons-

(1) *Lois civiles*, liv. I, tit. 12, sect. 4, n⁰ 4.
(2) Fr. 13, *Dig. de servit. urb, præd.*
(3) Demolombe, I, 405; Paris, 22 fév. 1872, D. 73, 2, 48; Paris, 15 déc. 1875, D. 76, 2, 2 ; Paris, 15 déc. 1873, D. 76, 2, 3; Paris, 24 mars 1874 et 24 nov. 1874, D. 76, 2, 4.
(4) VII, 565.

truit ; mitoyen avant sa démolition, il ne cesse point de l'être, et, reconstruit, il demeure ce qu'il était autrefois.

C'est aussi la conséquence des règles générales de notre droit suivant lesquelles tout ce qui s'unit, s'incorpore au sol appartient au propriétaire de ce sol (art. 546). Or, à coup sûr, le terrain sur lequel s'élevait le mur ancien était mitoyen et est resté tel malgré la démolition ; le mur nouveau édifié sur ce terrain devient donc mitoyen comme lui et appartient à ceux qui en sont les copropriétaires.

Tel est le principe : il n'y a plus qu'à en tirer les applications, et ce sont ces applications qui, précisément, sont délicates.

154. Sans doute, il n'est guère contestable que le reconstructeur, bien qu'ayant payé les frais de ce nouveau mur, n'a pas, à son égard, les droits qu'il aurait s'il en était le propriétaire exclusif ; il n'a que ceux d'un copropriétaire mitoyen, et, par suite, notamment, il ne peut ni y placer des poutres dans toute l'épaisseur (art. 657), ni y ouvrir même des jours de souffrance (art. 675).

155. Sans doute encore, il ne sera pas tenu de payer seul les réparations qui deviendraient nécessaires au nouveau mur ; il pourra contraindre son voisin à y participer dans la mesure de son droit (art. 655). Encore cependant, même à ce point de vue, une difficulté pourrait-elle s'élever dans le cas où, à raison de la valeur des matériaux dont est fait ce nouveau mur, ces réparations seraient plus coûteuses que celles de l'ancien.

Mais où la difficulté surgit avec plus de force, c'est lorsqu'on se demande quels sont les droits précis du propriétaire non reconstructeur sur ce nouveau mur.

156. Qu'il ait le droit de continuer à en user dans les conditions où il le faisait avant la reconstruction, cela n'est point douteux. Mais que décider, s'il vient à modifier cet usage ?

Par exemple, le mur ne lui avait servi jusqu'alors que de clôture, et voici que, conformément d'ailleurs au droit que lui accorde l'article 657, il veut y appuyer un bâtiment, ou bien il entend remplacer par une construction plus importante celle qu'il avait adossée antérieurement à ce mur. A-t-il le droit de le faire? Oui, encore une fois ; mais ne devra-t-il pas, tout au moins, indemniser son copropriétaire qui, à ses frais seuls, a élevé ce nouveau mur ?

157. L'affirmative semble évidente : il serait profondément inique que, sans bourse délier, un voisin pût ainsi profiter d'une reconstruction coûteuse opérée par son copropriétaire.

158. Mais que devra-t-il lui rembourser ?

Le cas n'est point prévu par la loi ; ce n'est ni celui de l'article 660, ni celui de l'article 661, car ces deux articles visent l'hypothèse d'un voisin qui acquiert la mitoyenneté. Or, ici, le voisin au sujet duquel on se demande ce qu'il doit rembourser à l'autre, a déjà cette mitoyenneté.

Les textes étant muets, il ne reste plus qu'à raisonner par voie d'analogie, ou en tenant compte de l'équité.

Chacun de ces deux articles 660 et 661 consacre un système différent : l'un oblige à payer ce qu'a coûté le mur ; l'autre ce qu'il vaut actuellement.

Lequel de ces deux systèmes doit être adopté en notre matière ?

159. Quelques auteurs (1) ont soutenu qu'il fallait appliquer celui de l'article 661, et décider que le copropriétaire venant à se servir du mur reconstruit doit en payer la valeur actuelle ; car, disent-ils, ce mur n'est plus neuf ; il ne saurait, par suite, être question de payer ce qu'il a coûté.

160. Mais, tout au moins en principe, et sauf la restriction que nous allons indiquer tout à l'heure, l'opinion contraire nous semble beaucoup plus rationnelle : il suffit de réfléchir que, si le mur n'avait pas été reconstruit autrefois par son voisin, ce copropriétaire serait aujourd'hui dans la nécessité de le faire ; il aurait ainsi à payer (si le mur était d'ailleurs suffisant en lui-même, ce que nous supposons), non seulement la moitié, mais même la totalité des frais de démolition et de reconstruction. Et l'on voudrait qu'il fût déchargé

(1) Demolombe, I, 407.

complètement de ces frais pour n'être tenu que de moitié de la valeur du mur, parceque son communiste aurait pris l'initiative de cette reconstruction !

Ce serait là l'occasion d'une fraude qui saute aux yeux. Celui des voisins qui se propose d'appuyer sur le mur de clôture un bâtiment, prendrait soin de ne rien dire, s'il venait à apprendre que son voisin entend bâtir de son côté ; il laisserait prudemment son voisin construire, prendre ainsi à sa charge tous les frais, puis, aussitôt la construction faite, il se hâterait de l'utiliser en n'en payant que la valeur !

C'est à cette fraude que, comme nous le verrons, l'article 660 a entendu parer dans le cas d'exhaussement, en obligeant celui qui n'a pas contribué à cet exhaussement à rembourser la moitié de ce qu'il a coûté s'il veut en acquérir la mitoyenneté. Il y a donc lieu de décider de même en notre matière et d'y étendre la disposition de cet article 660. En principe donc, le copropriétaire mitoyen qui n'aura pas participé à une reconstruction parce qu'elle était faite dans l'intérêt exclusif de son voisin, devra rembourser à ce dernier la moitié de ce qu'elle aura coûté, lorsqu'il viendra à s'en servir pour y appuyer des constructions nouvelles que l'ancien mur n'aurait pas suffi à supporter ; mais bien entendu, c'est seulement aux dépenses de reconstruction telles que nous les avons indiquées aux §§ 142, 143 et 144 qu'il doit ainsi participer ; notamment, il n'aurait à payer aucune part ni des dépenses de luxe dont le voisin aurait seul tiré profit, ni d'une façon quelconque de frais accessoires qui seraient particuliers à la situation de ce dernier (1).

161. Mais, ainsi que nous le verrons également, il y a des cas où, en fait, cette disposition de l'article 660 aboutit à des résultats iniques : c'est lorsque, l'exhaussement remontant à une époque ancienne, la partie du mur exhaussée se trouve, par suite de vétusté, dans un état lamentable. Il est dur de décider que, même alors, c'est la moitié du coût de l'exhaussement que devra payer celui qui veut utiliser la partie exhaussée.

Aussi, puisque cette disposition n'est pas obligatoire en notre matière et que nous ne l'y étendons que par équité, et pour identité de motifs, refuserons-nous de l'appliquer dans les circonstances où elle produirait ainsi des conséquences injustes. Si donc nous supposons qu'au moment où le copropriétaire veut utiliser le mur reconstruit, ce mur est loin d'être en bon état, ce sera alors le devoir des magistrats d'apprécier *ex œquo* et *bono* quelle somme devra payer ce copropriétaire, et, suivant les circonstances, ils pourront, en effet, ne le condamner qu'à rembourser moitié de la valeur actuelle dudit mur.

162. *b.* Le mur nouveau est plus élevé que l'ancien.

En ce qui concerne la partie de ce nouveau mur qui ne dépasse pas la hauteur de l'ancien, il va sans dire

____

(1) Paris, 13 juin 1872, D. 76, 2, 9.

qu'on appliquera les règles que nous venons d'indiquer pour le cas où les dimensions des deux murs sont restées les mêmes. Il y a lieu cependant d'observer que, du chef de la charge qu'il aura à supporter par suite de sa surélévation, ce nouveau mur nécessitera de plus fréquentes réparations, qu'il sera, par suite, équitable de ne pas répartir également entre les deux copropriétaires, mais de laisser, pour une plus grande part, à la charge du reconstructeur, le coût de ces réparations.

163. Quant à la partie exhaussée, elle sera la propriété exclusive de ce reconstructeur.

Sans doute, c'est là une dérogation au principe que nous rappelions tout à l'heure, à savoir que tout ce qui s'unit et s'incorpore à une chose appartient au propriétaire de cette chose, et par suite devient mitoyen, si elle l'est elle-même (art. 546).

Mais il est certain que le législateur a entendu le décider ainsi, car d'une part, dans l'article 658, il a disposé que le reconstructeur supporterait seul les réparations afférentes à la partie exhaussée, ce qui prouve bien qu'elle n'est pas mitoyenne, car alors chacun eût dû contribuer à ces réparations (art. 655) ; d'autre part, il a indiqué, dans l'article 660, à quelles conditions celui qui n'a point participé aux frais de l'exhaussement peut en acquérir la mitoyenneté, ce qui prouve bien encore qu'il ne l'a point, car on n'acquiert point ce qu'on a déjà.

164. De ce que l'exhaussement est la propriété exclusive du reconstructeur, nous tirerons les conséquences suivantes, toutes opposées à celles que nous avons déduites en ce qui concerne la partie reconstruite qui est restée mitoyenne :

1° Le reconstructeur a, sur cet exhaussement tous les droits d'un propriétaire exclusif ; par suite, il peut notamment y placer des poutres dans toute l'épaisseur, et y ouvrir des jours de souffrance (art. 676, 677) (1) ;

2° En retour, il est seul tenu, comme le dit l'article 658, de payer les réparations que nécessite la partie exhaussée.

165. A l'inverse, le voisin n'a aucun droit sur cet exhaussement ; il ne peut s'en servir en aucune façon. S'il veut en user, il devra acquérir la mitoyenneté.

166. A quelles conditions ? Nous les connaissons, car il nous est déjà arrivé plusieurs fois de parler de l'article 660 qui les indique. Cet article est ainsi conçu : « Le voisin qui n'a pas contribué à l'exhaussement peut en acquérir la mitoyenneté en payant la moitié de la dépense qu'il a coûté, et la valeur de la moitié du sol fourni pour l'excédent d'épaisseur, s'il y en a. »

Il prévoit deux hypothèses : celle où le mur nouveau est non seulement plus élevé, mais encore plus épais que l'ancien ; et celle où il est simplement plus élevé.

167. Nous verrons la première dans un instant ;

---

(1) Demolombe, I, 408; Aubry et Rau, II, § 222, p. 429; Laurent, VII, 563; *Contrà,* Douai, 17 fév. 1810 ; Sir., 13, 2, 29.

examinons, pour le moment, la seconde seule, celle où le mur est simplement plus élevé.

Alors, dit l'article 660, le voisin doit payer la moitié de la dépense qu'a coûté l'exhaussement.

Or, ce qu'a coûté l'exhaussement, ce n'est point seulement ce qu'a coûté à construire en elle-même la partie exhaussée, c'est aussi tout ce qu'il a fallu dépenser pour pouvoir la construire (1). C'est ce que disait déjà Pothier : « Lorsque mon voisin voudra bâtir contre l'exhaussement, il sera tenu de me payer, outre la moitié de la valeur de l'exhaussement, la moitié de ce qu'il m'en a coûté pour mettre le mur commun en état de soutenir l'exhaussement. »

Donc, aux termes de l'article 660, ce n'est pas seulement ce que vaut aujourd'hui la partie exhaussée, mais bien tout ce qu'elle a coûté que le voisin doit rembourser.

Il y a là, nous le savons, une profonde différence entre l'article 660 et l'article 661 d'après lequel celui qui acquiert la mitoyenneté d'un mur n'est tenu d'en payer que la valeur, — valeur qui est toujours inférieure à la dépense faite.

Pourquoi cette différence ? Nous l'avons déjà dit par avance : « Le voisin qui achète la mitoyenneté d'un mur privatif à l'autre voisin, n'est point en faute de n'avoir point contribué à la construction du mur à la-

____

(1) Demolombe, 1, 376; Demante, II, 545 *bis*, 1; Marcadé, art. 660.

quelle il n'avait point été appelé : au lieu qu'un mur mitoyen ne peut être exhaussé sans le consentement du copropriétaire, ou au moins sans qu'il y ait été appelé ; son refus d'y contribuer pourrait avoir pour motif secret de laisser l'autre voisin faire seul la dépense de l'exhaussement, dans le dessein de se l'approprier ensuite au moyen d'une estimation d'experts toujours arbitraire et toujours au-dessous de ce qu'elle a coûté ».

Cette doctrine de l'article 660 se conçoit donc très bien en principe ; elle a pour but de punir le voisin d'une faute, et surtout de parer à une fraude possible.

168. Mais il est certain, comme on l'a fait observer, qu'il y a des cas où ni cette faute, ni cette fraude ne seront possibles. C'est longtemps, bien longtemps après l'exhaussement opéré que le voisin demande à en acquérir la mitoyenneté ; on ne peut plus lui reprocher alors ni négligence ni pensée de spéculation. L'obligera-t-on néanmoins à payer encore la dépense de l'exhaussement, alors cependant qu'en fait cet exhaussement est délabré, dans un état lamentable ?

169. Beaucoup d'auteurs ont reculé devant cette conséquence et ont déclaré que l'article 660 ne devait avoir application que dans la période rapprochée de la reconstruction, et non pour l'époque plus éloignée. Ce qu'a voulu le législateur, ont-ils dit, c'est simplement « astreindre le voisin qui achète la mitoyenneté de l'exhaussement à payer, dans tous les cas, non pas la moitié de la dépense directement relative à l'exhaussement lui-même, mais bien la moitié de celles des dépenses dont le temps ne diminue pas la nécessité ni l'utilité, et sans lesquelles l'exhaussement n'aurait pu, à aucune époque, avoir lieu (1) ».

170. Que la théorie de ces auteurs soit équitable, nous ne le nions point ; mais qu'elle soit juridique, évidemment non ; elle ne résiste point à la lecture de l'article 660, lequel ne distingue en aucune manière.

Il faut donc, quoique à regret, s'incliner devant ce texte ; sinon on cesserait d'interpréter la loi pour la corriger. C'est le cas de répéter : « *Dura lex, sed lex* (2) ».

171. *c*. Le mur nouveau est plus épais que l'ancien.

Le mur nouveau est plus épais que l'ancien, le constructeur ayant pris de son côté l'excédent de terrain qui lui a paru nécessaire pour donner à ce nouveau mur une assiette capable de supporter les constructions projetées. C'est sur ce point surtout que la plus grande incohérence règne dans la doctrine.

172. Non pas sans doute en ce qui concerne la portion du nouveau mur correspondante à l'ancien : il n'y a, dans ce cas, qu'à appliquer les règles exposées aux §§ 153 et suivants.

(1) Demolombe, I, 376.
(2) Toullier, II, 205; Laurent, VII, 564.

173. Mais *quid* de l'excédent d'épaisseur ?

Suivant certains auteurs (1), il deviendrait mitoyen. L'excédent de terrain seul resterait la propriété du re-constructeur ; et de là le droit qu'accordent ces auteurs « au voisin qui a fourni l'excédent du terrain nécessaire à cet effet, de reprendre cet excédent si le mur venait à être démoli ».

174. Il nous paraît certain, au contraire, que le mur ne devient pas plus mitoyen dans la partie ajoutée que le sol sur lequel elle est édifiée : c'est là, en effet, la conséquence nécessaire du principe plusieurs fois cité déjà, suivant lequel tout ce qui s'unit au sol devient la propriété du propriétaire de ce sol. Pour en décider autrement, il faudrait que le législateur eût apporté à ce principe une dérogation sur le point qui nous occupe ; or, il ne l'a point fait (2).

175. De cette idée que l'excédent d'épaisseur ne devient pas mitoyen, nous tirerons notamment cette déduction sur laquelle nous n'insisterons que parce qu'elle a été contestée : c'est que le mur nouveau n'étant point mitoyen dans toute son épaisseur, il n'est possible au voisin d'établir des poutres que dans l'épaisseur ancienne, et seulement à cinquante-quatre millimètres près, comme le prescrit l'article 657.

176. Bien que partant de la même règle que nous,

---

(1) Aubry et Rau, II, § 222, p. 428. Cpr Demante, I, 514 *bis,* III; Demolombe I, 407 ; Laurent VII, 565.

(2) Marcadé, art. 659.

Marcadé (1) arrive cependant à une conclusion différente : « Le voisin ne pourrait pas placer des poutres dans toute l'épaisseur actuelle moins cinquante-quatre millimètres ; mais il pourrait le faire dans toute l'épaisseur antérieure sans être tenu de réserver ces cinquante-quatre millimètres sur cette ancienne épaisseur. En effet, la seule raison pour laquelle l'article 657 réserve ces cinquante-quatre millimètres du côté voisin, c'est uniquement que le parement du mur ne soit pas désagréé, et il est clair que cette raison n'existe pas ici. Que si, après que ce voisin aura fait placer ces poutres, l'autre en voulait mettre aussi sur le même point, c'est évidemment jusqu'au milieu de l'épaisseur mitoyenne et non pas de l'épaisseur totale que les premières devraient être réduites ».

177. A son tour, Demolombe (2), tout en prenant toujours le même point de départ, aboutit à une troisième solution : « Nous aimerions mieux décider que le voisin aura le droit de placer ses poutres dans toute l'épaisseur du nouveau mur, à cinquante-quatre millimètres près, parce que l'autre voisin n'a véritablement pas d'intérêt à s'y opposer ».

178. Quant à savoir ce que le voisin, pour acquérir la mitoyenneté de cet excédent d'épaisseur, devra payer au constructeur, nous avons déjà dit que l'article 660 y répondait pour le cas d'exhaussement : « la moitié

(1) I, sur l'art. 659.
(2) I, 407.

de la dépense qu'a coûtée l'exhaussement et la valeur de la moitié du sol fourni pour l'excédent d'épaisseur ».

Moitié de la dépense qu'a coûtée l'exhaussement, cela veut dire, dans notre hypothèse, moitié de la dépense de la portion de mur qu'a édifiée le constructeur.

De sorte que le voisin aura à payer, en définitive, moitié du terrain fourni et moitié de la dépense de la portion de mur élevée sur ce terrain.

2e *Hypothèse.* — *Le mur était en mauvais état.*

179. Ce mur était, par exemple, mal construit, avec des matériaux de médiocre qualité, ou contrairement aux règles de l'art; ou bien il était simplement déjà ancien, atteint par la vétusté; en un mot, il était défectueux, délabré, mais néanmoins il ne menaçait point ruine; il est certain, au contraire, qu'il aurait pu durer encore quelque temps, et que sa démolition immédiate ne s'imposait point.

Cette seconde hypothèse doit-elle être traitée comme la première ?

180. Oui sans doute en ce qui concerne celles des conséquences de la reconstruction qui ne rentrent point dans la catégorie de celles que nous avons comprises sous la qualification de *frais de démolition et de re-*

construction : il est certain que, dans ce cas comme dans celui où le mur est en bon état, et à plus forte raison, chacun des copropriétaires doit supporter sans recours contre l'autre, sauf le cas de fraude, notamment :

181. *a.* La gêne ou les embarras par lui éprouvés au point de vue de son habitation personnelle (V. § 145);

182. *b.* La perte par lui subie dans son commerce (V. § 146) ;

183. *c.* La perte résultant de l'impossibilité de louer ou de la nécessité d'indemniser les locataires (V. § 147).

184. Mais que décider en ce qui concerne les frais de démolition et de reconstruction? Doivent-ils rester à la charge exclusive du reconstructeur, comme dans la première hypothèse?

C'est là une question très discutée, ou qui, tout au moins, a été très discutée.

Jusqu'en 1872, la jurisprudence semblait plutôt tendre à faire payer une partie de ces frais par le non-reconstructeur (1). Il y avait bien quelques arrêts contraires (2), mais c'était la minorité.

(1) Paris, 30 déc. 1834, Sir., 65, 2, 133 ; Paris, 5 fév. 1868, D. 68, 2, 67 ; Paris, 8 mai 1868, Sir., 68, 2, 338 ; Paris, 31 déc. 1870, D. 72, 2, 85.

(2) Orléans, 22 mai 1866, D. 66, 2, 88 ; Paris, 7 fév. 1872, D. 72, 2, 84. Cpr un curieux arrêt de Paris, 11 mars 1869, D. 72, 2, 55, qui est motivé dans un sens, et statue dans un autre.

La Cour de cassation, par arrêt du 18 mars 1872 (1), s'est prononcée contre la majorité ; et, depuis lors, presque toutes les Cours et tribunaux ont adopté cette opinion de la Cour de cassation (2).

Les arrêts qui, autrefois, faisaient supporter une part des frais au non-reconstructeur s'appuyaient sur cette considération que ce non-reconstructeur devenait copropriétaire d'un nouveau mur bien supérieur à l'ancien. Le fait de cette substitution d'un mur neuf et bien construit à un mur vieux et défectueux, était pour lui une cause d'enrichissement dont il était juste qu'il tînt compte au constructeur. Est-ce à dire qu'il aurait dû rembourser à ce dernier la moitié des frais ? On n'allait pas jusque-là ; on estimait avec raison qu'il y avait lieu, puisque l'ancien mur aurait pu durer, de prendre en considération les services que ce mur aurait pu rendre encore pendant plusieurs années ; c'était une anticipation de dépenses que sa reconstruction actuelle imposait au voisin : il était équitable, en fixant la part de ce voisin, d'en déduire somme égale au préjudice que lui causait cette anticipation, et c'est ainsi que, généralement, on le condamnait non à la moitié, mais au tiers des dépens.

(1) D. 72, 1, 106.

(2) Paris, 21 mars 1872. D. 72, 2, 84 ; Paris, 17 juin 1872, D. 76, 2, 5 ; Amiens, 28 fév. 1873, D. 73, 5, 423 ; Paris, 15 fév. 1873, 3 août 1873, 24 mars 1874, 24 nov. 1874, 15 déc. 1875, D. 76, 2, 1 ; 27 nov. 1877, D. 79, 2, 21 ; Paris, 24 mars 1879, D. 80, 2, 17 ; Paris, 26 mars 1895, D. 95, 2, 239.

185. C'est au nom des textes et aussi au nom de l'équité que cette doctrine a été combattue.

Au nom des textes : que l'on rapproche, en effet, l'un de l'autre les deux articles 655 et 659 qui prévoient le cas de démolition et de reconstruction du mur mitoyen. On verra qu'ils établissent une alternative : ou la reconstruction est rendue nécessaire par l'état du mur, et alors les frais en sont partagés entre les cointéressés (art. 655), — ou elle n'est exécutée que pour permettre l'exhaussement (ou les nouvelles constructions) projeté par l'un des voisins, et alors ce dernier doit seul en supporter les frais (art. 659). Notre hypothèse rentre dans cette seconde branche de l'alternative : elle doit donc être réglée comme elle.

Au nom de l'équité : En effet, celui des deux propriétaires qui demande la reconstruction du mur mitoyen, hors des cas de nécessité absolue et dans son intérêt exclusif, a pu choisir son moment, et ne commencer à faire les travaux que lorsqu'il a les fonds nécessaires pour les entreprendre, et que, d'autre part, son immeuble est libre de locataires. Il s'agit, au surplus, pour lui, d'une opération qui doit lui être fructueuse, et lui donner, soit en revenus, soit en jouissance, la compensation des sacrifices qu'il s'impose. — L'autre propriétaire, au contraire, est pris à l'improviste ; il n'a pu se mettre en mesure de réunir, et peut-être même est-il hors d'état de se procurer les sommes indispensables pour subvenir à une dépense imprévue, souvent considérable, parfois même hors de proportion avec la valeur de sa maison et avec sa fortune personnelle, et qui n'a pour lui que cet avantage stérile de lui donner un mur neuf à la place d'un mur vieux, avant le temps où cela serait devenu nécessaire (1).

C'est en se plaçant à ce dernier point de vue qu'un praticien (2) a pu saluer avec enthousiasme cette nouvelle jurisprudence, laquelle « établit une digue contre l'envahissement de ces hasardeux propriétaires qui, pour contraindre leurs voisins à céder leurs propriétés, qu'ils convoitent, les menaçaient à chaque instant de les entraîner dans des dépenses folles, parce qu'il leur plaisait, à eux, de substituer à un bâtiment de peu d'importance un de ces bâtiments de type nouveau, comptant neuf étages de hauteur y compris double cave, comme cela se pratique maintenant sur les grandes voies publiques ; et qui, la plupart du temps, n'est que l'exécution d'un projet de spéculation méditée et suivie, qui doit donner de gros bénéfices à son auteur. Une dépense de cinq, dix, quinze ou vingt mille francs peut ruiner un petit propriétaire dont les revenus de son immeuble suffisent à ses besoins, tandis que la même dépense est chose peu importante pour l'autre propriétaire qui s'apprête à dépenser des centaines de milliers de francs pour établir une construction moderne, c'est-

(1) Voir motifs de l'arrêt de la Cour de Paris du 11 mars 1869. D. 72, 2, 55.

(2) Masselin, *Nouvelle jurisprudence sur les murs mitoyens*, p. 107.

à-dire une construction luxueuse où un morceau de bois de un franc est caché sous trois francs de peinture et de dorure ».

186. Donc, dans la théorie aujourd'hui admise, les frais de démolition et de reconstruction, même lorsque le mur est en mauvais état, sans d'ailleurs menacer ruine, doivent être entièrement supportés par celui dans l'intérêt duquel a lieu la reconstruction ; et nous savons que, sous la rubrique « frais de démolition et de reconstruction » il faut comprendre :

187. *a.* Le coût des travaux de démolition (V. § 142);

188. *b.* Le coût du nouveau mur, y compris les jambes étrières et les jambes boutisses (V. § 143).

La solution contraire a cependant été soutenue en ce qui concerne ces diverses jambes, sous prétexte que leur construction n'est pas abandonnée au caprice de chaque propriétaire, mais qu'elle est obligatoire, qu'elle doit être faite dans des conditions déterminées, et que les règlements tiennent ici lieu de convention entre les propriétaires : pour toutes ces raisons, les frais de leur réfection doivent, dit-on, être partagés entre les deux propriétaires lorsqu'elles sont en mauvais état (1). — Mais d'autres arrêts (2) ont décidé au contraire qu'il devait en être de la jambe étrière et de la jambe boutisse comme du mur lui-même, et que lorsque leur

(1) Seine, 19 juillet 1872, D. 76, 2, 3; Paris, 24 mars 1874, D. 76, 2, 4; Paris, 24 nov. 1874, D. 76, 2, 4.

(2) Paris, 17 juin 1872, D. 76, 2, 6.

reconstruction n'en était devenue nécessaire que par la
nécessité de les remettre en rapport avec la façade
nouvelle édifiée par le reconstructeur, il est juste qu'il
en supporte seul le prix ;

189. *c.* Les frais de clôture et étais provisoires (V.
§ 144);

190. *d.* Les frais de raccord et autres travaux d'appropriation intérieure à condition qu'ils soient ordinaires et non exceptionnels. — Tout au moins l'opinion
dominante est-elle dans ce sens, comme nous l'avons
vu, car il y a, à cet égard trois systèmes que nous avons
exposés aux §§ 148 et suivants.

191. Telle est donc, sur cette grave question du
paiement des frais de démolition et de reconstruction,
lorsque le mur est en mauvais état, la théorie de la jurisprudence actuelle : c'est l'assimilation avec le cas où
il est en bon état.

La conséquence en est, et nous ne faisons que l'indiquer, qu'en ce qui concerne le nouveau mur, les
droits respectifs des deux copropriétaires seront réglés
comme il a été dit aux §§ 152 et suivants.

Il faudra donc décider notamment que le non constructeur n'aura à rembourser quoi que ce soit à son copropriétaire que le jour où il viendra à modifier son
utilisation du mur ; alors seulement il participera aux
frais de démolition et de reconstruction.

Il y a là quelque chose de fâcheux, car il arrivera
souvent qu'un voisin pourra aussi tirer profit indéfini-

ment de la reconstruction sans avoir à y contribuer. Supposons, par exemple, que le mur reconstruit était un mur de clôture en mauvais état, qui, au bout ce deux ans tout au plus aurait dû être reconstruit à frais communs. Maintenant qu'il a été refait solidement par l'un des copropriétaires qui veut y adosser ses constructions, il va durer quarante, cinquante ans ; et durant tout ce temps l'autre copropriétaire va s'en servir, sans bourse délier, tout au moins tant qu'il lui conservera, en ce qui le concerne, sa destination actuelle de mur de clôture.

Cette considération sera de nature à disposer le constructeur à se montrer conciliant vis-à-vis de son voisin ; pour être sûr de récupérer une part quelconque de ses frais, il offrira de lui abandonner d'ores et déjà le droit de se servir comme il l'entendra du mur reconstruit, et ce, sans exiger de lui le remboursement intégral de la moitié de la dépense, mais en se contentant d'une somme moindre.

Et il y a lieu d'observer que, de son côté, le voisin s'empressera d'accepter ces offres, pour peu qu'il ait la vague intention d'augmenter lui-même plus tard ses constructions ; car, au lieu de contribuer pour moitié aux frais de démolition et de reconstruction comme il y aurait été tenu sans cette transaction, il se trouvera n'en supporter qu'une portion moins importante (1).

(1) Voir *L'Architecture*, 1890, p. 520.

CHAPITRE II

192. A plusieurs reprises déjà, nous avons signalé le trouble que la démolition et la reconstruction du mur mitoyen apportait à la jouissance du locataire : gêne dans son habitation personnelle et détérioration de son mobilier, pertes dans son commerce par suite d'avaries de marchandises ou de diminution de clientèle, etc.

Un préjudice considérable peut ainsi lui être causé : n'a-t-il pas un recours à l'effet de s'en faire indemniser?

Nous retrouvons ici la même distinction que précédemment : le mur menaçait-il ruine ou non ? Il nous faut donc la reprendre encore une fois.

SECTION PREMIÈRE

LE MUR MENAÇAIT RUINE.

193. Il y a un article, dans le Code civil, qui règle, dans cette hypothèse, les droits du locataire, — sinon textuellement — au moins par le principe qu'il pose.

C'est l'article 1724, ainsi conçu : « Si, durant le bail, la chose louée a besoin de réparations urgentes et qui ne puissent être différées jusqu'à sa fin, le preneur doit les souffrir, quelque incommodité qu'elles lui causent, et quoi qu'il soit privé, pendant qu'elles se font, d'une partie de la chose louée. Mais si ces réparations durent plus de quarante jours, le prix du bail sera diminué à proportion du temps et de la partie de la chose louée dont il aura été privé. Si les réparations sont de telle nature qu'elles rendent inhabitable ce qui est nécessaire au logement du preneur et de sa famille, celui-ci pourra faire résilier le bail. »

Il s'agit, dans ce texte, de réparations « urgentes et qui ne peuvent être différées jusqu'à la fin du bail ». Or, tel est bien le caractère des travaux que nécessite l'état d'un mur menaçant ruine. Il n'est donc point douteux que l'article 1724 s'applique en notre matière.

Que décide donc cet article ? C'est que, dans le cas où de semblables travaux sont nécessaires, le preneur doit les souffrir, « quelque incommodité qu'ils lui causent, et quoi qu'il soit privé, pendant qu'ils se font, d'une partie de la chose louée ». — C'est une chose censée prévue lors du bail, dit Pothier, et le locataire est censé s'être soumis à en supporter les inconvénients.

Donc, ce locataire ne peut s'opposer à l'exécution de ces travaux. S'il le faisait, le propriétaire aurait

un moyen rapide et expéditif de vaincre sa résistance ;
il s'adresserait au juge des référés puisqu'il y a urgence (art. 806 Code de Proc. civ.), et ferait nommer
un expert chargé de constater l'urgence, avec droit de
pénétrer chez le locataire, même de vive force, avec
l'assistance du commissaire de police.

194. C'est donc un droit que, dans ce cas, le propriétaire exercera en faisant exécuter les travaux ; et,
par suite, il ne saurait être tenu d'aucuns dommages-
intérêts vis-à-vis de son locataire (1).

195. Il n'en serait autrement que si, dans l'exécution
des dits travaux, il ne prenait pas toutes les précautions
d'usage (2), que si, par exemple, il négligeait, avant de
les commencer, d'aviser le locataire, mettant ainsi ce
dernier dans l'impossibilité de préserver ses marchandises de tout dommage (3), ou si encore il menait ses
travaux avec lenteur, les prolongeant ainsi au-delà de
la durée normale (4) : une indemnité pécuniaire serait
alors due au locataire, à raison du préjudice par lui
causé, et elle lui serait accordée, quelle qu'ait été la
durée des travaux, même s'ils n'avaient point dépassé
quarante jours (V. §§ 86 et 87).

196. Sauf le cas de faute commise par le propriétaire,

(1) Laurent, XXV, 139; Guillouard, *Traité du Contrat de louage*,
I, 109; Deglos, *Propriétaires et Locataires*, 250.
(2) Laurent, XXV, 141 ; Deglos, *op. cit.*, 251.
(3) Angers, 4 août 1847, D. 47, 2, 195.
(4) Paris, 14 février 1873 et 3 août 1873, D. 76. 2. 8.

le locataire n'a donc pas droit à des dommages-intérêts contre lui. Est-ce à dire qu'il va néanmoins être tenu de supporter, sans recours possible, l'exécution des travaux, quelle que soit leur durée, et aussi quelle que soit la privation de jouissance qu'ils lui causent ?

Il faudrait répondre affirmativement si l'on ne consultait que la première partie de l'article 1724. Mais cet article apporte lui-même dans les deux paragraphes suivants, une double dérogation à ce principe rigoureux.

Il prévoit, dans ces deux paragraphes d'abord le cas où les travaux dureront plus de quarante jours, puis celui où ils rendront inhabitable ce qui est nécessaire au logement du preneur et de sa famille.

197. *Cas où les travaux durent plus de quarante jours.* — Alors, dit l'article 1724, le prix du bail sera diminué, il sera consenti au locataire une réduction de loyers.

C'est qu'en effet, lorsque les travaux s'étendent sur une longue période, il n'est plus possible de dire que le locataire a entendu par avance s'y résigner. « Il est évident que si le locataire était privé de la jouissance d'une partie de la chose pendant toute la durée du bail, on ne pourrait plus dire qu'il est censé s'y être soumis. » Il a donc fallu nécessairement fixer une limite à la durée des travaux. Les rédacteurs du Code ont déclaré qu'elle serait de quarante jours.

Ils ont emprunté ce délai à la tradition coutumière :

Pothier dit en effet que, suivant l'usage du Châtelet de Paris, attesté par Denisard, lorsque le temps pour faire ces réparations ne dure pas plus de six semaines, le locataire ne peut prétendre à aucune diminution de son loyer.

Ainsi donc, telle est la distinction à faire :

Ou les travaux ont duré moins de quarante jours ; alors le locataire n'a droit à aucune diminution de loyer, quand même il établirait un préjudice (hors toutefois le cas de faute du constructeur). Il y a présomption *juris* et *de jure* qu'il a entendu se soumettre à ce préjudice (1).

Ou, au contraire, ils excèdent quarante jours : l'article 1724 décide alors que le prix de son bail sera diminué.

Dans quelle mesure ? Il faut tenir compte à cet égard, ajoute l'article 1724, et du temps et de la partie de la chose louée dont le locataire aura été privé.

De la partie de la chose louée dont le locataire aura été privé : aucune difficulté de droit à cet égard. Il n'y a là qu'une question de fait.

Du temps pendant lequel auront duré les travaux: ici controverse. La privation des quarante premiers jours doit-elle, ou non, être comprise dans le temps pour lequel le preneur peut demander une diminution de prix ? Par exemple, les travaux ont duré cinquante

____

(1) Guillouard, *op. cit.*, I, 111.

jours : est-ce que le preneur aura droit à une indemnité de privation de jouissance à raison de ces cinquante jours, ou seulement à raison des dix jours qui excèdent les quarante premiers jours ?

198. Suivant certains auteurs, il ne serait dû d'indemnité que pour les jours d'excédent ; les quarante premiers jours, dit M. Troplong (1), sont des jours « de franchise », quelle que soit la durée des travaux, et il serait illogique de ne pas accorder d'indemnité pour les quarante premiers jours, si les travaux ne durent que ces quarante jours, et d'en accorder au contraire pour ces mêmes quarante premiers jours si les travaux durent davantage.

199. L'opinion contraire nous paraît préférable (2), car elle a pour elle le texte : l'article 1724 dit en effet : « Le prix du bail sera diminué à *proportion du temps...* » Il ne distingue point : c'est donc à proportion de tout le temps pendant lequel le locataire a été privé d'une partie de sa jouissance.

En vain objecte-t-on que cette solution est illogique : elle se comprend très bien dans le système qu'ont adopté les auteurs de l'article 1724. Pour eux, une privation de jouissance de quarante jours ne doit pas, à raison de son peu de durée, être prise en considération, parce qu'il s'agit de travaux auxquels le locataire a pu s'at-

(1) Troplong, I, 253.
(2) Laurent, XXV, 140 ; Guillouard, I, 112 ; Deglos, 253 ; Trib. de la Seine, 12 septembre 1866, *Gazette des Tribunaux*, 21 sept. 1866.

tendre ; tandis qu'une privation de jouissance d'une durée supérieure donne droit à une indemnité parce que ce sont alors des travaux d'une nature exceptionnelle.

200. *Cas où les travaux rendent inhabitable ce qui est nécessaire au logement du preneur et de sa famille.* — Le preneur, dans ce cas, pourra, dit l'article 1724, faire résilier le bail ; rien de plus naturel, car évidemment il n'aurait pas loué s'il avait pu prévoir que la maison deviendrait inhabitable.

201. Il importe peu que les travaux se prolongent ou non au-delà de quarante jours ; le contraire a été, il est vrai, soutenu par le tribun Mouricault (1).

Mais son opinion ne saurait prévaloir contre le texte du Code qui n'exige, pour qu'il y ait lieu à résiliation, qu'une seule condition : à savoir que les travaux rendent inhabitable ce qui est nécessaire au logement du preneur et des siens.

202. Il n'est même pas besoin que ce soit tout son appartement qui devienne inhabitable, il suffit, c'est le texte lui-même qui le dit, que ce soit ce qui est nécessaire pour lui et sa famille (2).

203. Les auteurs (3) s'accordent, d'ailleurs, à reconnaître qu'en disposant ainsi, l'article 1724 n'a fait que

(1) *Rapport au Tribunat*, Fenet, XIV, p. 326.

(2) Paris, 14 avril, 1862, D. 62, 2, 155.

(3) Laurent, XXV, 142 ; Guillouard, I, 114 ; Colmet de Santerre, VII, p. 251.

donner un exemple ; que le principe, en la matière, c'est que la résiliation est possible toutes les fois que le preneur se trouve dans l'impossibilité de jouir de ce qui est la substance même de la chose louée : ainsi en serait-il notamment dans le cas d'une boutique où serait installé un petit commerçant vivant au jour le jour du produit de son commerce ; un chômage de trente à quarante jours serait, pour lui, impossible à supporter ; il ne pourrait être censé l'avoir prévu, et par suite il serait en droit de demander la résiliation en présence de travaux de nature à entraîner ce chômage.

204. Mais précisément puisque l'article 1724 n'est pas autre chose que la volonté présumée des parties, il dépendrait de celles-ci de déroger, par une convention expresse aux dispositions de cet article, et de stipuler, par exemple, « que le preneur devra souffrir tous les travaux qui deviendraient nécessaires aux lieux loués, la durée en excédât-elle quarante jours, sans pouvoir réclamer de ce chef aucune indemnité ni aucune diminution de loyers. »

C'est même là une clause qui se rencontre très fréquemment dans les baux. Elle est licite, et, par conséquent, doit être respectée.

Mais il est à peine besoin d'observer que, malgré l'existence d'une pareille clause, le propriétaire n'en reste pas moins tenu de faire toutes les diligences afin d'assurer la jouissance de son locataire ; et s'il se montrait négligent dans l'exécution des travaux, le locataire pourrait, nonobstant la convention intervenue, lui réclamer une indemnité du fait de cette négligence (1) (V. §§ 86 et 87).

SECTION II

LE MUR NE MENAÇAIT POINT RUINE.

205. Ce n'est pas dans l'intérêt commun que le mur est alors reconstruit ; c'est dans l'intérêt exclusif de l'un ou de l'autre des deux copropriétaires, — soit du propriétaire de la maison dont dépendent les lieux loués, — soit du voisin : nous allons successivement envisager chacune de ces hypothèses.

1re Hypothèse. — C'est dans l'intérêt exclusif du bailleur que le mur est reconstruit.

206. Ce sont seulement les travaux urgents, avons-nous vu, que le bailleur peut faire exécuter dans les lieux loués, malgré la résistance des locataires (art. 1724).

Or, quand le mur ne menace point ruine, sa démolition et sa reconstruction n'ont pas le caractère d'ur-

____

(1) Trib. de la Seine, 16 nov, 1886. *Gazette du Palais*, 1889, I, 14.

gence ; il faut donc en conclure que le bailleur n'y peut faire procéder si les locataires s'y opposent.

S'il passe outre à leur défense, ils auront contre lui tous les droits que la loi accorde au preneur troublé dans sa jouissance par le fait personnel du bailleur.

207. Ils pourront donc tout d'abord demander contre lui ou la résiliation du bail si les travaux les mettent dans l'impossibilité de jouir, ou, dans le cas contraire, une diminution de loyers à proportion du temps, quel qu'il soit, fût-il inférieur à quarante jours, pendant lequel ont duré les travaux, et aussi de la portion des lieux loués dont ils auront été privés.

208. Ils auront, en outre, droit à des dommages-intérêts à raison de tout le préjudice en général que leur auront causé les travaux, — détériorations de leur mobilier ou de leurs marchandises, perte de clientèle, etc.

2ᵉ Hypothèse. — C'est dans l'intérêt exclusif du voisin que le mur est reconstruit.

209. Auront-ils un recours contre ce voisin ? Si non, ne pourront-ils pas tout au moins se retourner contre leur bailleur ?

Sur ce point également, une distinction doit être faite, suivant que le constructeur a ou non commis une faute dans l'exécution de ses travaux.

210. *Le constructeur a-t-il commis une faute dans l'exécution des travaux ?* Alors, commme nous l'avons déjà dit (V. §§ 86 et 87), il se trouve tenu, par application de l'article 1382, envers tous ceux auxquels cette faute est préjudiciable. Supposons donc qu'il n'ait pas mené ses travaux avec toutes les précautions d'usage, ou avec la célérité désirable : il sera responsable, à l'égard des locataires du voisin, de toutes les conséquences dommageables que sa négligence ou son imprudence leur auront causées (1).

C'est une voie de fait qu'à raison de ses agissements il sera censé avoir commis vis-à-vis d'eux ; et de cette idée, les arrêts ont tiré deux conséquences que nous ne pouvons qu'approuver :

— D'une part, aux termes de l'article 1725, c'est seulement contre le constructeur que les locataires pourront agir en réparation du dommage ; ils n'auront aucun recours contre leur bailleur (2). Voici, en effet, comment dispose cet article : « Le bailleur n'est pas tenu de garantir le preneur du trouble que des tiers apportent par voies de fait à sa jouissance, sans prétendre d'ailleurs aucun droit sur la chose louée ; sauf au preneur à les poursuivre en son nom personnel. »

— D'autre part, le constructeur ne pourra opposer à ces locataires la clause de leur contrat par laquelle ils se seraient obligés à souffrir, quelle que fût leur durée,

---

(1) Paris, 14 fév. 1873, D. 76, 2, 8 ; 3 août 1873, D. 76, 2, 7.
(2) Paris, 14 février 1873, D. 76, 2, 8.

les travaux qui deviendraient nécessaires pendant le cours du bail (1). Et, de cela, il y a au moins deux raisons : d'abord il n'est pas l'ayant cause du bailleur et ne peut se prévaloir de ses droits ; en outre, le bailleur, ne serait pas lui-même protégé par cette clause, car, avons-nous dit, elle ne le garantit point contre ses fautes, et, en tout cas, n'est faite que pour le cas de travaux nécessaires ; tel n'est point, par hypothèse, le caractère de ceux dont nous parlons ici.

211. *Le constructeur n'a pas commis de faute dans l'exécution des travaux.* — Il a été soutenu (2), assez mollement il est vrai, que, même dans ce cas, le locataire avait une action contre le constructeur voisin pour se faire indemniser de tout le préjudice que lui causaient la démolition et la reconstruction du mur.

212. Mais cette doctrine, qui n'est que l'application d'une théorie plus générale que nous avons rencontrée lorsque nous nous sommes demandé si le constructeur est tenu de toutes les conséquences dommageables des travaux (V. § 140), ne nous paraît pas davantage pouvoir être admise sur le point spécial qui nous occupe maintenant. C'est seulement, en effet, lorsque les tiers apportent par voies de fait du trouble à la jouissance du locataire, que ce dernier peut les actionner (art. 1725).

Que faut-il entendre par voies de fait ? Ce sont des

(1) Trib. de la Seine, 5 juin 1872, D. 76, 2, 7.

(2) Goupy sur Desgodets, art. 196 de *La Coutume de Paris*; Delvincourt 1, page 161, note 5; Taulier, II, p. 391.

actes violents accomplis sans droit, des délits ou des quasi-délits : « Par exemple, dit Pothier (1), si des laboureurs voisins font paître leurs troupeaux dans les prairies d'une métairie que je tiens à ferme, et ce par voie de fait, sans prétendre en avoir le droit ; si des voleurs, au clair de lune, vendangent mes vignes ; si des gens jettent du coclevant dans les étangs et font mourir les poissons, etc... »

Or, le voisin qui, dans son intérêt propre, rebâtit le mur mitoyen, ne fait qu'user de son droit (V. § 77) ; il ne commet ni délit ni quasi-délit, il n'y a donc point, de sa part, une voie de fait qui autorise une action contre lui.

Le texte même de l'article 659, avons-nous d'ailleurs déjà fait observer, est en ce sens, car c'est seulement les *frais de reconstruction* qu'il met à la charge du voisin reconstructeur ; il n'entend donc point lui faire supporter les autres.

Ajoutons, avec M. Guillouard (2), que « la présence d'un locataire dans la maison voisine ne peut rendre plus onéreux le droit qui lui appartient de démolir et de reconstruire le mur mitoyen. Enfin l'occupant de cette maison voisine, quel qu'il soit, propriétaire ou locataire, ne peut se plaindre du tort qu'on lui cause ; car il supporte l'exercice d'une servitude légale, réciproque, qui constitue la manière d'être des propriétés séparées

(1) *Du louage*, n° 81.
(2) I, 181.

par un mur mitoyen, et qui sera, demain, un avantage pour l'immeuble qui en souffre aujourd'hui. »

A notre avis donc, et c'est là l'opinion générale (1), le locataire n'a aucun recours contre le voisin qui ne commet aucune faute dans l'exécution des travaux.

213. N'a-t-il pas au moins un recours contre son bailleur ? Ici, deux systèmes principaux qui se ramifient eux-mêmes en plusieurs branches.

214. Suivant le premier, le locataire, troublé dans sa jouissance par les travaux du voisin, serait en droit de demander à son bailleur de le garantir contre ce trouble.

Les partisans de ce système s'appuient sur l'obligation qui pèse sur le bailleur aux termes de l'article 1719 C. civ., « de faire jouir paisiblement le preneur pendant la durée de son bail ». Il n'y a qu'un cas où, s'agissant de troubles émanés de tiers, le bailleur n'en doit pas garantie : c'est, dit l'article 1725, lorsque ces troubles proviennent de voies de fait ; or, il a été démontré, il n'y a qu'un instant, que le fait par le voisin de rebâtir le mur mitoyen ne constitue pas une voie de fait, mais simplement l'exercice d'un droit.

Reste à savoir de quels dommages le bailleur devra ainsi garantir le locataire.

Une scission se produit sur ce point, entre les défenseurs de cette première opinion.

(1) Demolombe, I, 406; Guillouard, I, 181; Deglos, 350; Paris, 17 juin 1872, D. 76, 2, 5; Paris, 14 février 1873, D. 76, 2, 7; Paris, 24 mars, 1879, D. 80, 2, 17.

215. Les uns limitent (1) cette garantie à la priva-tion de jouissance et aux pertes matérielles subies par le locataire, comme le dégât causé à ses meubles, sans qu'il puissse rien prétendre à raison soit de la dispari-tion de sa clientèle, soit de la perte des bénéfices qu'il aurait pu réaliser dans son industrie.

216. Les autres (2), au contraire, l'étendent à tous le dommages quelconques qu'il a pu éprouver, c'est-à-dire non seulement à la privation de jouissance et aux pertes matérielles comme le dégât causé à ses meubles ; mais encore au préjudice qu'il a subi à raison soit de la disparition de sa clientèle, soit de la perte des bénéfices qu'il aurait pu réaliser dans son industrie.

217. Mais ce premier système nous semble devoir être rejeté. De l'ensemble des textes qui régissent les rapports entre locataire et bailleur, il résulte, en effet, que la responsabilité de ce dernier n'est engagée que lorsque, dans une certaine mesure, le trouble apporté à la chose louée lui est imputable.

C'est ainsi qu'il est tenu a indemnité vis-à-vis du loca-taire à raison de son fait personnel, lorsque ce fait n'est pas commandé par la nécessité, — par exemple s'il change la forme de la chose louée (art. 1723), ou s'il fait dans l'immeuble des travaux non urgents (*a contrario* de l'article 1724).

(1) Aix, 4 mai 1863; Sir., 64, 2, 73.

(2) Paris, 19 juillet 1848, D. 48, 2, 168; Trib. de la Seine, 19 juin 1863, *Le Droit*, 1er juillet 1863.

Au contraire, il ne peut être actionné en paiement de dommages-intérêts à raison de troubles qui proviennent — soit de voies de fait imputables à un tiers, car il n'a pu les empêcher (art. 1725), — soit d'un cas fortuit qu'il n'était pas davantage en son pouvoir d'éviter (art. 1722), soit de travaux urgents, car c'est la nécessité qui l'oblige alors à y procéder (art. 1724).

C'est ce que la jurisprudence a décidé à maintes reprises (1) également dans le cas d'actes administratifs qui troublent la jouissance des locataires, tels que travaux de voirie, occupation de terrains, destruction de bâtiments menaçant ruine, etc... Tous ces actes, du moment que l'Administration les accomplit dans la limite de son droit, sont, pour le propriétaire, autant de cas de force majeure qui ne sauraient l'obliger, en conséquence, au paiement de dommages-intérêts.

C'est également ce qu'il faut décider dans notre hypothèse : pour le propriétaire, c'est aussi un cas de force majeure que le fait du voisin qui rebâtit le mur mitoyen ; il ne peut l'empêcher, il doit nécessairement le subir. Il ne saurait donc être question contre lui de poursuites en dommages-intérêts de la part de ses locataires : ainsi conclut le deuxième système (2) auquel nous ne pouvons que nous rallier.

(1) Cass., 10 fév. 1864, D. 64, 1, 234 ; Paris, 11 janvier 1866, D. 66. 2, 243 ; Dijon, 30 janvier 1867, D. 67, 2, 68 ; Paris, 18 août 1870, D. 70, 2, 23.

(2) Guillouard, I, 183 ; Deglos, 354 ; Paris, 17 juin 1873. *Le Droit*, 30 juin 1873 ; Paris, 15 déc. 1875, D. 76, 2, 1 ; Trib. de Lyon, 13 mars 1885 ; *France judiciaire*, 85, 479.

218. Est-ce à dire que ces locataires vont se trouver absolument désarmés ? Que, quoi qu'il arrive, ils devront continuer à exécuter, en ce qui les concerne, les conditions de leur bail, alors cependant que, d'autre part, ils auront cessé d'en avoir les avantages ? Evidemmdnt non. — Donnant, donnant ; ils ne paient leur loyer qu'à raison de la jouissance des lieux loués. Que cette jouissance vienne à cesser, et, par voie de conséquence, ils cesseront aussi d'être tenus de payer le loyer. *Cessante causa, cessat effectus.*

219. Tout le monde est d'accord sur l'application de cette règle à l'hypothèse où il y a, pour le preneur, impossibilité de jouir de la totalité, ou à peu près, des lieux loués. Il a le droit de demander alors la résiliation, par extension ou analogie soit de l'article 1722, soit de l'article 1724, dont les dispositions, pour ce cas, sont identiques.

220. Mais il n'en est plus de même, si l'on suppose qu'il y a simplement privation de jouissance d'une partie des lieux loués. Chacun de ces deux articles contient en effet, à cet égard, une solution différente : tous deux sans doute accordent bien une diminution de loyers au locataire ; mais tandis que l'un, l'article 1722, l'autorise sans condition, quel qu'ait été la durée des travaux, l'autre, l'article 1724, ne la lui concède, au contraire, que si ces travaux ont duré plus de quarante jours.

Laquelle de ces deux solutions doit l'emporter dans notre espèce ?

Celle de l'article 1722 n'est que l'application pure et simple des principes généraux.

Celle de l'article 1724 a, au contraire, comme nous l'avons vu, un caractère quelque peu arbitraire.

C'est une raison pour que nous n'hésitions pas à préférer celle de l'article 1722 et à décider par suite que la réduction du loyer sera proportionnelle au temps et à la partie des lieux loués dont aura été privé le locataire par l'effet de la démolition et de la reconstruction du mur mitoyen.

Vu

Par le Président de la thèse,

A. BOISTEL.

Vu

Par le Doyen,

E. COLMET DE SANTERRE.

Vu et permis d'imprimer :

Le Vice-Recteur de l'Académie de Paris,

GRÉARD.

TABLE DES MATIÈRES

DEUXIÈME PARTIE

DE LA DÉMOLITION & DE LA RECONSTRUCTION
DU MUR MITOYEN

Grande Imprimerie de Blois.
Directeur-Gérant EMMANUEL RIVIÈRE, Ingénieur des Arts et Manufactures

Grande Imprimerie de Blois.
Directeur-Gérant : EMMANUEL RIVIÈRE, Ingénieur des Arts et Manufactures